AF391164

NOUVEAU TRAITÉ

DU

JEU DES ECHECS.

IMPRIMERIE DE H. FOURNIER,
RUE DE SEINE, N. 14.

NOUVEAU TRAITÉ

DU JEU

DES ÉCHECS,

PAR L. C. DE LA BOURDONNAIS.

MAT EN QUATRE-VINGT-UN COUPS.

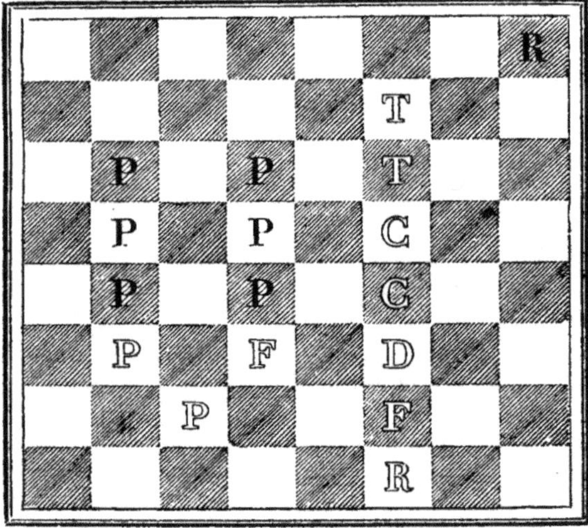

Les blancs donnent le MAT avec le pion du fou de la dame, sans prendre aucun des pions noirs, ni souffrir qu'ils changent de place. (Voyez pour la solution de ce coup à la fin du chapitre 1er, livre 2.)

PARIS,

AU CAFÉ DE LA RÉGENCE,

PLACE DU PALAIS-ROYAL ;

ET CHEZ LES PRINCIPAUX LIBRAIRES.

1833.

A

M. LEBRETON DESCHAPELLES,

TÉMOIGNAGE D'ESTIME ET D'AMITIÉ

DE LA PART

DE L'AUTEUR.

AVERTISSEMENT.

Il a paru sur les Échecs un grand nombre d'ouvrages.
On n'en compte pas moins d'une centaine, écrits pour
la plupart en anglais, en italien et en allemand ; on ne
doit pas s'en étonner si l'on considère que ce jeu est
devenu presque une science par l'intérêt qu'il offre, les
combinaisons qu'il présente et les études qu'il exige.
Aussi tous ces ouvrages sont-ils très-recherchés ; mais
la difficulté de se les procurer, le prix coûteux qu'il faut
y mettre, répugnent à beaucoup d'amateurs.

Nous avons entrepris, dans l'intérêt et pour la satis-
faction de ceux qui s'occupent comme nous des Échecs,
un travail qui, résumant les traités trop volumineux
écrits en différentes langues et par différens auteurs,
offrît, purgé d'une foule de choses inexactes ou futiles,
un choix satisfaisant de parties intéressantes et in-
structives, et donnât tout ce qu'il y a de meilleur, de
plus nouveau et de plus curieux sur la matière.

La bienveillance et les conseils des plus habiles

joueurs de Paris nous ont été d'un grand secours, et nous nous plaisons ici à leur en témoigner notre reconnaissance, et particulièrement à M. Deschapelles, le plus fort joueur d'échecs de notre époque, mais qui, malheureusement pour le progrès de ce jeu, y a renoncé depuis long-temps.

LIVRE PREMIER.

CHAPITRE PREMIER.

DÉBUTS DE PARTIE.

Rien n'est plus important pour le gain ou la meilleure défense des parties, que de débuter régulièrement, c'est-à-dire dégager ses pièces à propos, et les sortir de manière à ce qu'elles ne masquent pas la direction d'autres pièces.

Les combinaisons du jeu des échecs variant à l'infini, presque toujours le gain ou la perte d'une partie dépendra du premier coup mal joué, des premiers temps perdus de part ou d'autre ; le trait seul n'est point un avantage décisif pour le gain de la partie : celui qui n'a pas le trait le gagnera lui-même, si son adversaire manque une fois de jouer le coup juste, et en supposant les coups joués régulièrement de part et d'autre, la partie doit être remise.

Dès le commencement d'une partie, l'on ne saurait

trop recommander aux amateurs de s'attacher surtout
à gagner des temps; c'est en gagnant des temps que
l'on parvient, soit à renfermer les pièces de l'adversaire
qui vous laissent alors un champ libre pour former et
suivre une attaque, soit à avancer ses pions de manière
à arriver le premier à dame.

Les débuts que renferme ce chapitre doivent être con-
sidérés comme des exemples de parties bien ou mal com-
mencées. J'ai pensé que s'il fallait donner des débuts où
les deux joueurs jouent régulièrement, il fallait aussi en
donner où l'un des joueurs commet des fautes, on
pourra mieux voir par là toutes les conséquences d'une
erreur, qui souvent, au premier abord, paraîtrait lé-
gère.

Ce chapitre sera divisé en cinq sections :

La première contiendra les débuts de partie où celui
qui a le trait joue, au second coup, son fou du roi à la
quatrième case du fou de sa dame ;

La deuxième, les débuts de partie où celui qui a le
trait joue, au second coup, le cavalier de son roi à la
troisième case de son fou;

La troisième, les gambits du roi, où celui qui donne
le gambit joue, au troisième coup, le fou de son roi à la
quatrième case du fou de sa dame;

La quatrième, les gambits du roi, où celui qui donne
le gambit joue, au troisième coup, le cavalier de son
roi à la troisième case de son fou.

Enfin, la cinquième contiendra des débuts variés.

PREMIÈRE SECTION.

Celui qui a le trait joue, au second coup, le fou du roi à la quatrième case du fou de sa dame.

Premier début.

BLANC.	NOIR.
1. P e 2 — e 4	P e 7 — e 5
2. F f 1 — c 4 (*a*)	F f 8 — c 5
3. P c 2 — c 3	C g 8 — f 6
4. P d 2 — d 4	P e 5 — d 4 :
5. P e 4 — e 5	C f 6 — e 4 (*b*)
6. D d 1 — e 2	C e 4 — g 5
7. P f 2 — f 4	C g 5 — e 6
8. P f 4 — f 5	C e 6 — f 8 (*c*)
9. C g 1 — f 3	P d 4 — c 3 : (*d*)
10. F c 1 — g 5	F c 5 — e 7

(*a*) C'est la meilleure case que puisse occuper le fou de votre roi : il bat sur le pion du fou du roi adverse, et c'est sur ce pion que se forment en général les premières attaques.

(*b*) Les noirs, en portant ainsi leur cavalier dans le jeu de l'adversaire, commettent une faute qui doit leur donner le désavantage.

(*c*) Si le cavalier revenait à la case g 5, les blancs gagneraient en jouant

D e 2 — h 5

P h 2 — h 4

(*d*) Dans cette position, quel que soit le coup des noirs, les blancs doivent toujours gagner.

BLANC.	NOIR.
11. **P** f 5 — f 6	P g 7 — f 6 :
12. **P** e 5 — f 6 :	Perdu.

Deuxième début.

BLANC.	NOIR.
1. **P** e 2 — e 4	P e 7 — e 5
2. **F** f 1 — c 4	F f 8 — c 5
3. **P** c 2 — c 3	C g 8 — f 6
4. **P** d 2 — d 4	P e 5 — d 4 :
5. **P** e 4 — e 5	P d 7 — d 5 (*a*)
6. **P** e 5 — f 6 :	P d 5 — c 4 :
7. **D** d 1 — h 4	R roque g 8
8. **D** h 5 — c 5 :	T f 8 — e 8 †
9. **C** g 1 — e 2 (*b*)	P d 4 — d 3
10. **F** c 1 — e 3	P d 3 — e 2 :
11. **C** b 1 — d 2	C b 8 — a 6
12. **D** c 5 — c 4 :	D d 8 — f 6 :
13. **D** c 4 — e 2 :	Partie égale.

Première variante au 9ᵉ coup.

BLANC.	NOIR.
9. **R** e 1 — f 1	P d 4 — c 3 :
10. **C** b 1 — c 3 :	D d 8 — d 3 †
11. **C** g 1 — e 2	T e 8 — e 2 :

(*a*) C'est un assez bon coup de défense ; les noirs auraient pu jouer aussi D d 8 — e 7. (*Voyez* la quatrième partie, Début.)

(*b*) Les noirs auraient pu jouer le roi. (*Voyez* la première variante.)

BLANC.	NOIR.
12. D c 5 — d 5	T e 2 — c 2 †
13. D d 5 — d 3 :	P c 4 — d 3 :

Dans cette position les noirs ont l'avantage, ils ont un pion de plus, et leur tour dans le jeu de l'adversaire.

Deuxième variante au 8ᵉ coup.

BLANC.	NOIR.
8. D h 5 — g 5	P g 7 — g 6
9. D g 5 — c 5 :	T f 8 — e 8 †
10. C g 1 — e 2	P d 4 — d 3
11. F c 1 — e 3	P d 3 — e 2 :
12. F e 3 — d 4	C b 8 — c 6
13. D c 5 — c 4 :	C c 6 — e 5
14. D c 4 — b 5	P c 7 — c 6
15. D b 5 — b 3	C e 5 — d 3 †
16. R e 1 — d 2	

Ici les noirs gagnent une tour; les blancs perdent pour avoir joué au 12ᵉ coup F e 3 — d 4, et au 13ᵉ D c 5 — c 4 :

Troisième début.

BLANC.	NOIR.
1. P e 2 — e 4	P e 7 — e 5
2. F f 1 — c 4	F f 8 — c 5

BLANC.	NOIR.
3. P c 2 — c 3	C g 8 — f 6
4. P d 2 — d 4	P e 5 — d 4 :
5. P e 4 — e 5	P d 7 — d 5
6. P e 5 — f 6 :	P d 5 — c 4 :
7. D d 1 — h 5	D d 8 — d 6
8. P f 6 — g 7 :	T h 8 — g 8
9. D h 5 — h 7 :	D d 6 — e 5 †
10. C g 1 — e 2	D e 5 — g 7 :
11. D h 7 — g 7 :	T g 8 — g 7 :
12. P c 3 — d 4 :	F c 5 — b 4 †
13. R e 1 — f 1	

Dans cette position les blancs ont beau jeu, ils ont un pion de plus.

Quatrième début.

BLANC.	NOIR.
1. P e 2 — e 4	P e 7 — e 5
2. F f 1 — c 4	F f 8 — c 5
3. P c 2 — c 3	C g 8 — f 6
4. P d 2 — d 4	P e 5 — d 4 :
5. P e 4 — e 5	D d 8 — e 7
6. P c 3 — d 4 :	F c 5 — b 4 †
7. R e 1 — f 1	C f 6 — e 4 (a)

(a) En rentrant le cavalier à sa case on perdrait des temps, mais on peut

BLANC.	NOIR.
8. D d 1 — g 4	P c 7 — c 6
9. D g 4 — e 4 :	P d 7 — d 5
10. F c 4 — d 5 :	P c 6 — d 5 :
11. D e 4 — d 5 :	

Les blancs ont deux pions de plus, et quoique leur position soit un peu gênée, ils ont cependant l'avantage.

Variante au 7ᵉ coup.

BLANC.	NOIR.
7. F c 1 — d 2	F b 4 — d 2 : †
8. C b 1 — d 2 :	P d 7 — d 6
9. D d 1 — e 2	P d 6 — e 5 :
10. P d 4 — e 5 :	C f 6 — d 7
11. P f 2 — f 4	P f 7 — f 6
12. C g 1 — f 3	P f 6 — e 5 :

Les noirs sont parvenus à rompre les pions du centre. Si au lieu de pousser seulement un pas le pion de leur

---

le défendre en ne perdant qu'un pion, et cela de la manière suivante :

8. D d 1 — g 4	P f 7 — f 5.
9. D g 4 — f 5 :	C e 4 — d 6
10. D f 5 — d 3	C d 6 — c 4 :
11. D d 3 — c 4 :	P b 7 — b 6

et dans cette position, les noirs, quoique avec un pion de moins, ont assez beau jeu.

dame et celui de leur fou , ils eussent avancé deux pas,
l'un ou l'autre, votre centre fût resté en sûreté.

Cinquième début.

BLANC.	NOIR.
1. P e 2 — e 4	P e 7 — e 5
2. F f 1 — c 4	F f 8 — c 5
3. P c 2 — c 3	C g 8 — f 6
4. P d 2 — d 4 (*a*)	P e 5 — d 4 :
5. P c 3 — d 4 : (*b*)	F c 5 — b 6 (*c*)
6. C b 1 — c 3	R roque — g 8
7. C g 1 — e 2 (*d*)	P c 7 — c 6
8. F c 4 — d 3 (*e*)	

Ici les blancs ont leurs pions établis au centre, ce qui

(*a*) Vous poussez ce pion deux pas , tant pour masquer la direction du
fou adverse sur le pion du fou de votre roi, que pour établir vos pions au
centre du jeu ; ce qui est d'une grande importance.

(*b*) Lorsque vous avez deux pions de front, comme dans la situation présente , il faut les y maintenir sans avancer aucun des deux , jusqu'à ce que
l'adversaire vous propose l'échange d'un pion contre l'un des vôtres, ce que
vous éviterez alors en poussant le pion attaqué.

(*c*) Ce coup fait perdre un temps précieux aux noirs, et permet aux blancs
d'établir leurs pions au centre. (*Voyez* le début suivant.)

(*d*) Si vous jouiez le cavalier à la case f 3 , il empêcherait la marche du
pion de votre fou ; les noirs joueraient sur ce coup C f 6 — e 4 : , et pous-
seraient ensuite P d 7 — d 5 , ce qui romprait votre centre.

(*e*) Vous retirerez ce fou , parce qu'en jouant le coup suivant P d 7 — d 5,
ils vous forceraient d'échanger le pion de votre roi contre le leur, ce qui
romprait vos pions du centre.

est très-avantageux. (*Voyez* pour la suite de cette partie
le troisième chapitre.)

Sixième début.

BLANC.	NOIR.
1. P e 2 — e 4	P e 7 — e 5
2. F f 1 — c 4	F f 8 — c 5
3. P c 2 — c 3	C g 8 — f 6
4. P d 2 — d 4	P e 5 — d 4 :
5. P c 3 — d 4 :	F c 5 — b 4 †
6. F c 1 — d 2	F b 4 — d 2 : † (*a*)
7. C b 1 — d 2 :	P d 7 — d 5 (*b*)
8. P e 4 — d 5 :	C f 6 — d 5 :
9. D d 1 — b 3 (*c*)	P c 7 — c 6
10. C g 1 — e 2	R roque g 8
11. R roque g 1	C d 5 — b 6 (*d*)
12. F c 4 — d 3	F c 8 — e 6
13. D b 3 — c 2	P g 7 — g 6

(*a*) Quoique le fou du roi soit une des meilleures pièces du jeu, il ne
faut pas cependant, pour le conserver, perdre des temps.

(*b*) S'il n'eût pas joué ce coup, il vous aurait donné le temps d'occuper
le centre avec vos pions.

(*c*) Vous pourriez jouer D d 1 — c 2 † ; mais ce coup lui donnerait le
moyen de sortir le fou de sa dame, d'ailleurs il faut toujours éviter de placer
sa dame sur la même ligne que son roi, lorsque cette ligne est ouverte et
dégarnie de pions.

(*d*) Ils jouent ce cavalier, afin de pouvoir sortir le fou de leur dame, ou
pour se défaire du fou de votre roi.

	BLANC.	NOIR.
14.	P f 2 — f 4 (a)	P f 7 — f 5 (b)
15.	C d 2 — f 3	C b 8 — d 7
16.	C f 3 — e 5	C d 7 — f 6 (c)
17.	T a 1 — d 1	C b 6 — d 5
18.	D c 2 — d 2 (d)	P a 7 — a 5
19.	C e 2 — c 3 (e)	

Septième début.

	BLANC.	NOIR.
1.	P e 2 — e 4	P e 7 — e 5
2.	F f 1 — c 4	F f 8 — c 5
3.	P c 2 — c 3	D d 8 — e 7 (f)

(*a*) Vous poussez ce pion pour rompre ceux qui couvrent son roi.

(*b*) Le pion du fou de son roi étant poussé deux pas, vous devez chercher à poster un de vos cavaliers à la case e 5 ; dans ce poste il ne peut être délogé qu'il ne soit pris par une autre pièce, et alors vous réunissez vos pions au centre.

(*c*) Ils ne veulent pas réunir vos pions en prenant votre cavalier.

(*d*) Ce coup est nécessaire pour empêcher son cavalier de venir à la troisième case de votre roi.

(*e*) Dans cette position l'avantage est du côté des blancs, en raison du poste qu'occupe le cavalier de la dame. Cependant cet avantage n'est pas assez considérable pour décider la partie. Les noirs doivent se garder de prendre le cavalier, avant d'avoir détruit un des pions qui le soutiennent ; ce qu'ils peuvent faire en échangeant le pion du fou de leur dame contre le pion de la dame, et alors les deux jeux seront égaux.

(*f*) Ils jouent ce coup pour vous empêcher d'établir vos pions de front au centre.

BLANC.	NOIR.
4. C g 1 — f 3 (*a*)	C g 8 — f 6 (*b*)
5. D 1 — e 2	P d 7 — d 6 (*c*)
6. P d 2 — d 3 (*d*)	P c 7 — c 6 (*e*)
7. P h 2 — h 3	P h 7 — h 6 (*f*)
8. F c 1 — e 3 (*g*)	F c 5 — e 3 : (*h*)

(*a*) Si vous jouiez ce cavalier à la seconde case de votre roi, les noirs joueraient F c 5 — f 2 : †, puis D e 7 — c 5 †, gagneraient ainsi un pion et une bonne position.

(*b*) Ils auraient mal joué, s'ils eussent pris le pion du fou de votre roi.

(*c*) En attaquant le pion du fou de votre roi avec son cavalier, ils vous donneraient le temps d'établir vos pions au centre.

(*d*) Vous auriez pu pousser ce pion deux pas, et occuper le centre pour un moment; mais vous n'auriez jamais pu conserver cette position.

(*e*) Ils auraient pu jouer F c 8 — g 4, et alors vous auriez dû jouer P h 2 — h 3, pour déloger leur fou ou les forcer à faire pièce pour pièce. En général, il ne faut jamais laisser gêner vos pièces par la direction des fous, lorsque vous pouvez l'empêcher.

(*f*) Ces pions ont été joués, de part et d'autre, pour empêcher les fous de venir gêner les cavaliers.

(*g*) Lorsque le pion de votre dame ne peut pas masquer la direction du fou du roi adverse sur le pion du fou de votre roi, vous devez conserver le fou de votre dame, pour le poster à la troisième case de votre roi : cette pièce est la seule que vous puissiez opposer avec succès au fou du roi adverse.

(*h*) S'ils eussent retiré leur fou, au lieu de prendre le vôtre, ils auraient perdu un temps. Lorsqu'il s'agit d'échanger des pièces, il faut toujours prendre le premier, à moins qu'il n'y ait pour vous un avantage de laisser d'abord prendre l'adversaire, comme si vous vouliez dédoubler un pion, ou le faire changer de ligne, etc.

BLANC.	NOIR.
9. D e 2 — e 3 :	F c 8 — e 6
10. F c 4 — e 6 :	D e 7 — e 6 : (*a*)
11. C b 1 — d 2	C b 8 — d 7
12. R roque g 1	R roque g 8

Cette partie est égale : celui des deux joueurs qui pourra le premier mettre en action le pion du fou de son roi, en le poussant deux pas, aura l'avantage de la position.

Huitième début.

BLANC.	NOIR.
1. P e 2 — e 4	P e 7 — e 5
2. F f 1 — c 4	F f 8 — c 5
3. P c 2 — c 3	D d 8 — g 5
4. D d 1 — f 3	D g 5 — g 6
5. C g 1 — e 2	P d 7 — d 6
6. P h 2 — h 3	C g 8 — e 7
7. P d 2 — d 4	F c 5 — b 6

Partie assez égale, cependant les blancs ont toujours l'avantage du trait.

(*a*) Vous voyez ici l'utilité du pion de la tour poussé au septième coup ; car, sans cela, ils pourraient à présent jouer C f 6 — g 4, en attaquant votre dame, et ensuite pousser deux pas le pion du fou de leur roi, pour le mettre en action. Ces sortes de temps sont précieux à saisir, surtout dans les parties où l'adversaire vous a forcé de sortir vos cavaliers devant vos pions.

Neuvième début.

BLANC.	NOIR.
1. ℙ e 2 — e 4	P e 7 — e 5
2. 𝔽 f 1 — c 4	F f 8 — c 5
3. ℙ c 2 — c 3	D d 8 — f 6
4. ℂ g 1 — f 3	C b 8 — c 6 (a)
5. ℙ b 2 — b 4 (b)	F c 5 — b 6
6. ℙ a 2 — a 4	P a 7 — a 6
7. ℙ d 2 — d 3	P d 7 — d 6
8. ℙ h 2 — h 3	P h 7 — h 6
9. 𝔻 d 1 — e 2	F c 8 — e 6 (c)
10. ℂ b 1 — a 3	C g 8 — e 7
11. 𝔽 c 4 — e 6 :	D f 6 — e 6 :
12. ℂ a 3 — c 4	F b 6 — a 7
13. 𝔽 c 1 — e 3	

Dans cette position les noirs peuvent prendre le fou adverse, et leur position est aussi bonne que celle des blancs.

(a) Les noirs jouent ce cavalier pour vous empêcher de jouer ℙ d 2 — d 4, ce qui masquerait l'attaque de leur fou.

(b) Il n'est pas toujours avantageux de pousser les pions des ailes, et il ne faut pas le faire sans de bonnes raisons.

(c) Ne pouvant masquer la direction de votre fou avec leurs pions, ils vous opposent le fou de la dame.

Dixième début.

BLANC.	NOIR.
1. P e 2 — e 4	P e 7 — e 5
2. F f 1 — c 4	F f 8 — c 5
3. P c 2 — c 3	D d 8 — h 4
4. D d 1 — e 2	C g 8 — f 6
5. P d 2 — d 3	C f 6 — g 4
6. P g 2 — g 3	D h 4 — f 6 (*a*)
7. C g 1 — h 3 (*b*)	P d 7 — d 6
8. P f 2 — f 3	C g 4 — e 3 (*c*)
9. F c 1 — e 3 :	F c 5 — e 3 :
10. D e 2 — e 3 :	F c 8 — h 3 :
11. C b 1 — d 2	C b 8 — d 7 (*d*)

Onzième début.

BLANC.	NOIR.
1. P e 2 — e 4	P e 7 — e 5

(*a*) Si au lieu de retirer leur dame, ils avaient pris le pion du fou de votre roi, vous auriez pris leur fou avec votre dame et gagné une pièce.

(*b*) Quoique cette case ne soit pas la meilleure pour sortir le cavalier, ce coup devient cependant nécessaire dans la position.

(*c*) S'ils avaient retiré ce cavalier vous auriez joué C h 3 — f 2, et le coup suivant F c 1 — e 3 pour vous défaire du fou de leur roi.

(*d*) Il est évident que les blancs ont ici gagné des temps sur les noirs. La raison est que les noirs ont sorti leur dame trop tôt, et commencé une attaque sans consistance.

BLANC.	NOIR.
2. F f 1 — c 4	F f 8 — c 5
3. D d 1 — h 5 (*a*)	D d 8 — e 7
4. C g 1 — f 3	P d 7 — d 6
5. C f 3 — g 5	P g 7 — g 6 (*b*)
6. F c 4 — f 7 : †	D e 7 — f 7 :
7. C g 5 — f 7 :	P g 6 — h 5 :
8. C f 7 — h 8 :	C g 8 — f 6
9. P d 2 — d 3	F c 8 — e 6
10. T h 1 — f 1	C b 8 — d 7
11. P f 2 — f 4	P e 5 — f 4 :
12. F c 1 — f 4 :	R e 8 — e 7
13. P c 2 — c 3	T a 8 — h 8 :

La position est à peu près égale, et les noirs ont la
pièce de plus.

Douzième début.

BLANC.	NOIR.
1. P e 2 — e 4	P e 7 — e 5

(*a*) Ce coup est généralement joué, mais il n'est pas très-bon, et les blancs
commencent ici une attaque trop promptement et qui ne doit les mener à
aucun résultat avantageux.

(*b*) Si les blancs sur ce coup retirent leur dame à la case h 4, les noirs
peuvent jouer F c 8 — e 6, et détruire ainsi l'attaque des blancs. Si les
blancs retirent leur dame à la case f 3, les noirs joueront C g 8 — h 6 ; car
s'ils opposaient leur fou de la dame au fou du roi adverse, les blancs en
prenant ce fou avec leur cavalier et jouant après D f 3 — b 3 gagneraient
un pion.

BLANC.	NOIR.
2. F f 1 — c 4	F f 8 — c 5
3. P c 2 — c 3	C b 8 — c 6 (a)
4. P d 2 — d 4	P e 5 — d 4 :
5. F c 4 — f 7 : †	R e 8 — f 7 :
6. D d 1 — h 5 †	P g 7 — g 6
7. D h 5 — c 5 :	P d 7 — d 6
8. D c 5 — c 4 †	F c 8 — e 6
9. D c 4 — d 3	D d 8 — f 6
10. C g 1 — e 2	P d 4 — c 3 :
11. C b 1 — c 3 :	T a 8 — e 8
12. P f 2 — f 4	

Les blancs ont une assez bonne position, ils doivent, après avoir roqué, tâcher d'ouvrir une attaque
sur le roi adverse.

Treizième début.

BLANC.	NOIR.
1. P e 2 — e 4	P e 7 — e 5
2. F f 1 — c 4	C g 8 — f 6
3. P d 2 — d 3	F f 8 — c 5
4. C g 1 — f 3 (b)	P d 7 — d 6

(a) Ce coup n'est pas bien joué, il permet aux blancs de vous empêcher
de roquer, ce qui est souvent un désavantage, le roque servant généralement à
placer le roi hors des attaques.

(b) Quoique en général, on doive éviter de sortir les pièces devant les

BLANC.	NOIR.
5. P c 2 — c 3	R roque g 8 (*a*)
6. P a 2 — a 4	P a 7 — a 5 (*b*)
7. R roque — g 1	F c 8 — e 6 (*c*)
8. F c 4 — e 6 :	P f 7 — e 6 :
9. D d 1 — b 3 (*d*)	D d 8 — c 8
10. P d 3 — d 4	P e 5 — d 4 :
11. P c 3 — d 4 :	F c 5 — b 6 (*e*)
12. C b 1 — c 3	C b 8 — c 6

pions, ce coup est indispensable dans la situation présente, pour conserver l'avantage du trait. Vous pourriez néanmoins, sur ce même coup, jouer P f 2 — f 4. Cette partie, quoique dangereuse, est très-bonne contre un joueur à qui on ferait avantage.

(*a*) Si, au lieu de roquer, il avait joué F c 8 — g 4, vous auriez dû jouer D d 1 — b 3, et vous auriez gagné la partie; mais s'il jouait F c 8 — e 6, il faudrait prendre son fou avec le vôtre, et ensuite jouer toujours D d 1 — b 3.

(*b*) S'il n'eût pas poussé ce pion, vous auriez forcé le fou de son roi.

(*c*) S'il eût joué F c 8 — g 4, il aurait fallu jouer P d 3 — d 4, et s'il eût pris votre cavalier avec son fou, vous auriez dû reprendre avec le pion du cavalier, pour mettre en jeu vos tours, et former une attaque sur les pions qui couvrent son roi.

(*d*) Votre dame attaque deux pions, et il ne peut les soutenir tous deux qu'en jouant sa dame à la case de son fou. Ce coup se rencontre fréquemment dans les commencemens de partie, et souvent l'adversaire ne peut soutenir deux pions à la fois.

(*e*) S'il eût joué F c 5 — b 4, vous auriez dû soutenir le pion de votre roi avec votre dame.

BLANC.	NOIR.
13. F c 1 — e 3	C f 6 — g 4
14. P h 2 — h 3 (*a*)	C g 4 — e 3 :
15. P f 2 — e 3 :	P h 7 — h 6 (*b*)
16. P g 2 — g 4	P g 7 — g 5
17. T f 1 — f 2	D c 8 — d 7
18. T a 1 — f 1	R g 8 — g 7 (*c*)

Quatorzième début.

BLANC.	NOIR.
1. P e 2 — e 4	P e 7 — e 5
2. F f 1 — c 4	P c 7 — c 6
3. P d 2 — d 4 (*d*)	P e 5 — d 4 :

(*a*) Des pions doublés, quand ils ne sont point isolés, ont la même valeur que les autres; quelquefois même c'est un avantage.

(*b*) Il joue ce pion pour empêcher votre cavalier de venir attaquer le pion de son roi. Il serait forcé de le défendre avec sa tour, ce qui vous donnerait le temps de doubler vos tours sur la ligne du fou de votre roi. Il est bon d'observer que celui qui peut se rendre maître d'une ouverture avec ses tours doublées, a presque toujours l'avantage. C'est donc à l'adversaire de ne jamais céder ces sortes de passages.

(*c*) Dans cette position les blancs doivent s'occuper de faire pousser un pas le pion du roi noir, afin de pouvoir placer à la quatrième case du fou du roi adverse, un cavalier soutenu par deux pions; ce qui déciderait la partie en leur faveur. Les noirs doivent donc chercher le moyen de doubler leurs tours en opposition, et de mettre en action le pion du fou de leur dame, en le poussant deux pas.

(*d*) En jouant ce pion deux pas, vous empêchez votre adversaire de porter

BLANC.	NOIR.
4. D d 1 — d 4 :	P d 7 — d 6
5. P f 2 — f 4	F c 8 — e 6 (*a*)
6. F c 4 — d 3	P d 6 — d 5
7. P e 4 — e 5	P c 6 — c 5
8. D d 4 — f 2	C b 8 — c 6
9. P c 2 — c 3	P g 7 — g 6
10. C g 1 — f 3	

Ici les blancs ont l'avantage d'avoir leurs pions au centre pour la suite de cette partie. (*Voyez* le troisième chapitre.)

Quinzième début.

BLANC.	NOIR.
1. P e 2 — e 4	P e 7 — e 5
2. F f 1 — c 4	P c 7 — c 6
3. P d 2 — d 4	P e 5 — d 4 :
4. D d 1 — d 4 :	P d 7 — d 6
5. P f 2 — f 4	F c 8 — e 6

---

ses pions au centre, ce qu'il ferait en jouant P d 7 — d 5 , attaquant votre fou et regagnant ainsi le trait.

(*a*) Ils jouent ce fou pour avoir d'abord la faculté de pousser le pion de leur dame, et par là faire place au fou de leur roi, puis pour l'opposer au fou de votre roi et s'en défaire.

BLANC.	NOIR.
6. F c 4 — e 6 :	P f 7 — e 6 :
7. P c 2 — c 4	P d 6 — d 5
8. P c 4 — d 5 :	P e 6 — d 5 :
9. P e 4 — e 5	P c 6 — c 5
10. D d 4 — f 2 (a)	C b 8 — c 6
11. C g 1 — f 3	P d 5 — d 4
12. R roque g 1	D d 8 — d 5
13. T f 1 — d 1	R roque c 8
14. P b 2 — b 3	C g 8 — h 6
15. C b 1 — a 3	F f 8 — e 7 (b)
16. F c 1 — b 2	

Cette partie est très-égale, la position de l'un est aussi bonne que celle de l'autre, les deux fous sont gênés et les deux tours sont libres.

Première variante au 3e coup.

BLANC.	NOIR.
3. P d 2 — d 4	P d 7 — d 5
4. P e 4 — d 5 :	P c 6 — d 5 :

(a) C'eût été mal joué de donner échec avec votre dame, il ne faut pas l'éloigner du centre, on doit la maintenir sous les pions.

(b) Les noirs auraient très-mal joué en poussant le pion du fou de leur dame; dans un groupe de pions il est très-important de pousser en avant celui qui est en tête.

BLANC.	NOIR.
5. F c 4 — b 5 † (*a*)	F c 8 — d 7
6. F b 5 — d 7 : †	C b 8 — d 7 :
7. P d 4 — e 5 :	C d 7 — e 5 :
8. D d 1 — e 2	D d 8 — e 7 (*b*)
9. C b 1 — c 3	R roque c 8.
10. F c 1 — f 4	C e 5 — c 6
11. R roque c 1	

Dans cette position vous avez beau jeu, et vous devez vous occuper, d'abord, de conserver le fou de votre dame qui, par sa direction, gêne le roi adverse ; en second lieu d'attaquer le pion de sa dame, qui étant séparé des autres pions, ne peut plus être soutenu que par des pièces. Il est toujours avantageux d'attaquer un pion isolé, ne fût-ce que pour occuper les pièces de l'adversaire.

Deuxième variante.

BLANC.	NOIR.
7. P c 2 — c 4	P c 6 — c 5 (*c*)

(*a*) Si au lieu de donner échec vous aviez joué F c 4 — b 3, vous auriez perdu l'avantage du trait et la position, votre adversaire se serait emparé du centre en poussant le pion de son roi.

(*b*) S'il avait soutenu son cavalier de toute autre manière, vous l'auriez gagné sur le coup en jouant P f 2 — f 3.

(*c*) Ce coup décide le gain de la partie, il ne faut pas maintenant lui lais-

BLANC.	NOIR.
8. D d 4 — d 3	C g 8 — f 6
9. C b 1 — c 3	C b 8 — c 6
10. P a 2 — a 3 (*a*)	F f 8 — e 7
11. C g 1 — f 3	R roque g 8
12. P g 2 — g 3 (*b*)	C c 6 — a 5 (*c*)
13. F c 1 — e 3	C a 5 — b 3
14. T a 1 — d 1	C f 6 — g 4
15. F e 3 — g 1 (*d*)	P a 7 — a 6 (*e*)
16. P h 2 — h 3	C g 4 — f 6

ser l'occasion de pousser le pion de sa dame. Si vous parvenez à l'en empêcher, le fou de son roi restera enfermé, et vos pièces occuperont beaucoup
plus de terrain que les siennes.

(*a*) Ce coup est essentiel, parce qu'il aurait attaqué votre dame avec le
cavalier de la sienne, ce qui lui aurait donné une pièce de plus sur la case
d 5, pour pouvoir ensuite avancer le pion de sa dame, et par ce moyen dégager ses pièces

(*b*) Si vous aviez joué F c 1 — e 3, il aurait joué C f 6 — g 4, pour
prendre votre fou, ce qui aurait mis en liberté celui de son roi. Il est avantageux de conserver un fou de même couleur que celui de l'adversaire; la direction des fous est à craindre presque dans tous les cas, et l'on ne peut s'en
garantir bien sûrement qu'en leur opposant d'autres fous.

(*c*) Il joue ce cavalier pour l'échanger contre votre fou.

(*d*) Toutes ces marches de cavaliers ne sont pas à craindre; elles ne rom-
pent point votre centre, et vous ferez retirer ces mêmes cavaliers, quand vous
le jugerez à propos. Ce qui prouve que les véritables attaques ne subsistent
que lorsqu'elles sont formées par plusieurs pièces réunies et bien rarement
avec une ou deux.

(*e*) Il joue ce coup pour empêcher le cavalier de votre dame de venir attaquer le pion de la sienne.

BLANC.	NOIR.
17. F g 1 — e 3	C f 6 — h 5
18. C c 3 — e 2	C b 3 — a 5 (*a*)
19. R roque g 1	

Dans cette position les blancs gagneront s'ils peuvent empêcher le pion de la dame adverse d'avancer. Ils ne doivent pousser les pions de leur droite, que lorsque le roi sera à portée de les soutenir.

Seizième début.

BLANC.	NOIR.
1. P e 2 — e 4	P e 7 — e 5
2. F f 1 — c 4	C g 8 — f 6
3. C g 1 — f 3	C f 6 — e 4 :
4. C f 3 — e 5 :	P d 7 — d 5
5. F c 4 — b 3	D d 8 — e 7
6. P d 2 — d 4	P f 7 — f 6 (*b*)
7. D d 1 — h 5 †	P g 7 — g 6
8. C e 5 — g 6 :	P h 7 — g 6 :

(*a*) Au lieu de jouer ce cavalier, il aurait pu le soutenir en jouant D d 8 — b 6, et alors vous auriez poussé le pion du cavalier de votre roi.

(*b*) Les noirs sur ce coup, en voulant gagner la pièce, donnent une attaque aux blancs qui leur fera gagner au moins un pion ; car le cavalier noir qui prendra la tour des blancs, sera perdu, et par conséquent les pièces seront égales.

BLANC.	NOIR.
9. **D** h 5 — h 8 :	C e 4 — g 3 †
10. **F** c 1 — e 3	C g 3 — h 1 :
11. **F** b 3 — d 5 :	D e 7 — b 4 †
12. **P** c 2 — c 3	D b 4 — b 2 : (*a*)
13. **D** h 8 — f 6 :	F f 8 — e 7
14. **D** f 6 — g 6 : †	**R** e 8 — d 8
15. **D** g 6 — g 8 †	**R** d 8 — d 7
16. **F** d 5 — e 6 †	**R** d 7 — c 6
17. **D** g 8 — c 8 :	

Dans cette position les blancs doivent gagner.

Dix-septième début.

BLANC.	NOIR.
1. **P** e 2 — e 4	P e 7 — e 5
2. **F** f 1 — c 4	F f 8 — c 5
3. **P** c 2 — c 3	P d 7 — d 5
4. **F** c 4 — d 5 : (*b*)	C g 8 — f 6
5. **D** d 1 — b 3	R roque g 8
6. **F** d 5 — b 7 :	F c 8 — b 7 :

(*a*) Les noirs font ici une grande faute en éloignant leur dame d'auprès de leur roi, elle leur fait perdre la partie.

(*b*) Si vous preniez le pion avec votre pion, les noirs joueraient F c 5 — f 2 : †, puis D d 8 — h 4 †, et reprendraient le pion avec une meilleure position.

BLANC.	NOIR.
7. D b 3 — b 7 :	D d 8 — d 3
8. D b 7 — a 8 : (*a*)	P c 7 — c 6
9. D a 8 — b 7	D d 3 — e 4 : †
10. R e 1 — f 1 (*b*)	D e 4 — c 2
11. D b 7 — b 3	D c 2 — c 1 : †
12. R f 1 — e 2	C f 6 — g 4

Les noirs ont évidemment l'avantage d'une meilleure
position.

Dix-huitième début.

BLANC.	NOIR.
1. P e 2 — e 4	P e 7 — e 5
2. F f 1 — c 4	F f 8 — c 5
3. P c 2 — c 3	P d 7 — d 5
4. F c 4 — d 5 :	C g 8 — f 6
5. D d 1 — b 3	C f 6 — d 5 :
6 P e 4 — d 5 :	D d 8 — g 5
7. D b 3 — a 4 †	F c 8 — d 7
8. D a 4 — e 4	F d 7 — f 5

(*a*) Les noirs peuvent sur ce coup gagner la dame pour les deux tours,
en jouant D d 3 — a 6 et C b 8 — d 7, mais ils poursuivent une attaque
très-forte que leur donne la perte de leur tour.

(*b*) Si les blancs avaient couvert l'échec avec leur cavalier les noirs auraient dû jouer D e 4 — g 2 : puis C f 6 — g 4.

	BLANC.	NOIR.
9.	D e 4 — f 3 (a)	P e 5 — e 4
10.	D f 3 — g 3	D g 5 — g 3 :
11.	P h 2 — g 3 :	C b 8 — d 7

Les noirs, quoique avec un pion de moins, ont par leur position un jeu au moins égal à celui des blancs.

Première variante au 5ᵉ coup.

	BLANC.	NOIR.
5.	D d 1 — b 3	C f 6 — d 5 :
6.	D b 3 — d 5 :	D d 8 — d 5 :
7.	P e 4 — d 5 :	F c 8 — f 5
8.	C g 1 — f 3	P f 7 — f 6
9.	R roque g 1	F f 5 — d 3
10.	T f 1 — e 1	R roque g 8
11.	P b 2 — b 3	P e 5 — e 4

Les noirs ont assez beau jeu, quoique avec un pion de moins.

Deuxième variante.

	BLANC.	NOIR.
5	D d 1 — a 4 †	P c 7 — c 6

(a) Si les blancs jouaient D e 4 — e 5 : † ; les noirs joueraient R e 8 — d 8. C g 1 — e 2 pour ne pas perdre la dame, T h 8 — e 8 D e 5 — g 3 D g 5 — g 3 : P h 2 — g 3 : F f 5 — d 3, et gagneraient une pièce.

BLANC.   NOIR.

6. F d 5 — f 7 : †   R e 8 — f 8
8. D a 4 — b 3   C f 6 — e 4 :
                                        Beau jeu.

Troisième variante.

5.   D d 1 — f 3   C f 6 — d 5 :
6.   P e 4 — d 5 :   R roque g 8
7.   P d 2 — d 3   P f 7 — f 5
8.   F c 1 — e 3   P e 5 — e 4
9.   P d 3 — e 4 :   P f 5 — e 4 :
10. D f 3 — e 4 :   T f 8 — e 8
11. D e 4 — d 3   D d 8 — g 5
12. C g 1 — e 2   F c 5 — e 3 :
13. P f 2 — e 3 :   T e 8 — e 3 :
14. D d 3 — c 4   F c 8 — g 4
Perdu.

Le sacrifice du pion de la dame, au troisième coup,
donne comme on voit l'attaque, surtout lorsque l'adversaire veut s'attacher à conserver le pion gagné.

———

DEUXIÈME SECTION.

Celui qui a le trait joue, au second coup, son cavalier
du roi à la troisième case de son fou.

Premier début.

BLANC.	NOIR.
1. P e 2 — e 4	P e 7 — e 5
2. C g 1 — f 3	C b 8 — c 6
3. F f 1 — c 4	F f 8 — c 5
4. P c 2 — c 3	C g 8 — f 6 (*a*)
5. P d 2 — d 4	P e 5 — d 4 :
6. P c 3 — d 4 :	F c 5 — b 4 †
7. C b 1 — c 3 (*b*)	C f 6 — e 4 :
8. R roque g 1	C e 4 — c 3 : (*c*)

(*a*) Ce coup est généralement joué, et quoique plusieurs auteurs l'aient
blâmé, il est assez bon; on peut jouer aussi D d 8 — e 7. (*Voyez* le cinquième début.)

(*b*) Les blancs auraient mieux joué en opposant le fou de la dame au fou
qui donne échec; car si les noirs avaient fait fou pour fou, le cavalier de la
dame, en reprenant, aurait défendu le pion du roi. Si les noirs, au lieu de
prendre le fou, avaient pris le pion du roi adverse avec leur cavalier, les
blancs auraient regagné leur pion en jouant F c 4 — f 7 : † R e 8 — f 7.
D d 1 — b 3 † P d 7 — d 5. F d 2 — b 4 : C c 6 — b 4 : D b 3 — b 4 :

(*c*) Ici les noirs jouent mal en prenant le cavalier des blancs avec leur ca-

BLANC.	NOIR.
9. P b 2 — c 3 :	F b 4 — c 3 : (*a*)
10. D d 1 — b 3 (*b*)	F c 3 — a 1 :
11. F c 4 — f 7 : †	R e 8 — f 8
12. F c 1 — g 5	C c 6 — e 7
13. C f 3 — e 5	F a 1 — d 4 :
14. F f 7 — g 6	P d 7 — d 5
15. D b 3 — f 3 †	F c 8 — f 5
16. F g 6 — f 5 :	F d 4 — e 5 :
17. F f 5 — e 6 †	F e 5 — f 6
18. F g 5 — f 6 :	Perdu.

Deuxième début.

BLANC.	NOIR.
1. P e 2 — e 4	P e 7 — e 5
2. C g 1 — f 3	C b 8 — c 6
3. F f 1 — c 4	F f 8 — c 5
4. P c 2 — c 3	P d 7 — d 6
5. P d 2 — d 4	P e 5 — d 4 :
6. P c 3 — d 4 :	F c 5 — b 4 † (*c*)
7. C b 1 — c 3	C g 8 — f 6

---

valier, ils devaient le prendre avec leur fou , puis pousser le pion de leur dame deux pas ou roquer, et ils auraient eu un beau jeu.

(*a*) C'est une grande faute de prendre ce pion, les noirs auraient dû retirer leur fou à la seconde case de leur roi.

(*b*) Ce coup décide la partie en faveur des blancs.

(*c*) On verra plus loin que l'échec du fou , dans cette position , n'est pas très-bon.

BLANC.	NOIR.
8. **R** roque g 1	F b 4 — c 3 :
9. **P** b 2 — c 3 :	C f 6 — e 4 : (*a*)
10. **T** f 1 — e 1	P d 6 — d 5
11. **T** e 1 — e 4 : †	P d 5 — e 4 :
12. **C** f 3 — g 5	R roque g 8 (*b*)
13. **D** d 1 — h 5	P h 7 — h 6
14. **C** g 5 — f 7 :	T f 8 — f 7 :
15. **F** c 4 — f 7 : †	R g 8 — f 8
16. **F** c 1 — a 3 †	C c 6 — e 2
17. **F** f 7 — b 3	D d 8 — e 8
18. **D** h 5 — d 5	Perdu.

Troisième début.

BLANC.	NOIR.
1. **P** e 2 — e 4	P e 7 — e 5
2. **C** g 1 — f 3	C b 8 — c 6
3. **F** f 1 — c 4	F f 8 — c 5

(*a*) Les noirs font une faute en prenant ce pion, et les blancs pourraient avoir assez beau jeu, sans faire le sacrifice de l'échange en jouant ainsi :

	BLANC	NOIR
9.		C f 6 — e 4 :
10.	**T** f 1 — e 1	P d 6 — d 5
11.	**F** c 4 — d 5 :	D d 8 — d 5 :
12.	**C** f 3 — g 5	P f 7 — f 5
13.	**P** f 2 — f 3	

(*b*) Roquer dans cette position est un mauvais coup, il eût mieux valu jouer D d 8 — e 7.

BLANC.	NOIR.
4. **P** c 2 — c 3	C g 8 — f 6
5. **P** d 2 — d 4	P e 5 — d 4 :
6. **P** c 3 — d 4 :	F c 5 — b 6 (*a*)
7. **P** e 4 — e 5	C f 6 — g 8 (*b*)
8. **P** d 4 — d 5	C c 6 — e 7 (*c*)
9. **P** d 5 — d 6	P c 7 — d 6 :
10. **P** c 5 — d 6 :	C e 7 — c 6
11. **D** d 1 — d 5	D d 8 — f 6
12. **R** roque g 1	C g 8 — h 6
13. **T** f 1 — e 1 †	R e 8 — f 8
14. **F** c 1 — g 5	D f 6 — g 6 (*d*)
15. **C** b 1 — c 3	

Très-beau jeu.

(*a*) Les noirs perdent la partie par ce coup, ils auraient dû donner échec avec le fou.

(*b*) Au lieu de ce coup si les noirs avaient joué P d 7 — d 5, les blancs auraient dû jouer ainsi : **P** e 5 — f 6 : P d 5 — c 4 : **P** d 4 — d 5 C c 6 — b 4 **D** d 1 — a 4 †. Si les noirs avaient joué C c 6 — a 5, les blancs en jouant **D** d 1 — e 2 † auraient très-beau jeu.

(*c*) Si les noirs avaient joué C c 6 — a 5 ; il eût fallu jouer **F** c 4 — d 3, les noirs auraient poussé P c 7 — c 5 pour ne pas perdre leur cavalier, en avançant **P** d 5 — d 6 vous auriez un très-beau jeu.

(*d*) Si les noirs avaient joué D f 6 — b 2 : les blancs auraient dû jouer **F** g 5 — h 6 : et auraient gagné plus promptement.

Variante au 7ᵉ coup.

BLANC.	NOIR.
7. P e 4 — e 5	C f 6 — e 4
8. F c 4 — d 5	P f 7 — f 5 (*a*)
9. F d 5 — e 4 :	P f 5 — e 4 :
10. F c 1 — g 5	C c 6 — e 7
11. C f 3 — h 4	P g 7 — g 6 (*b*)
12. C h 4 — f 5	P g 6 — f 5 :
13. D d 1 — h 5 †	R e 8 — f 8
14. F g 5 — h 6 †	R f 8 — g 8
15. D h 5 — g 5 †	Perdu.

Quatrième début.

BLANC.	NOIR.
1. P e 2 — e 4	P e 7 — e 5
2. C g 1 — f 3	C b 8 — c 6
3. F f 1 — c 4	F f 8 — c 5
4. P c 2 — c 3	C g 8 — f 6
5. P d 2 — d 4	P e 5 — d 4 :
6. P c 3 — d 4 :	F c 5 — b 4 †

(*a*) Si les noirs, avant de pousser ce pion pour soutenir leur cavalier, avaient donné échec avec leur fou, il eût fallu jouer R e 1 — f 1.

(*b*) Si les noirs jouaient un autre pion, les blancs donneraient immédiatement l'échec de la dame, et auraient très-beau jeu.

	BLANC.	NOIR.
7.	F c 1 — d 2	F b 4 — d 2 :
8.	C b 1 — d 2 :	P d 7 — d 5 (a)
9.	P e 4 — d 5 :	C f 6 — d 5 :
10.	D d 1 — b 3	C c 6 — e 7
11.	R roque g 1	R roque g 8

Partie égale.

Cinquième début.

	BLANC.	NOIR.
1.	P e 2 — e 4	P e 7 — e 5
2.	C g 1 — f 3	C b 8 — c 6
3.	F f 1 — c 4	F f 8 — c 5
4.	P c 2 — c 3	D d 8 — e 7
5.	P d 2 — d 4	P e 5 — d 4 :
6.	R roque g 1	C c 6 — e 5 (b)
7.	C f 3 — e 5 :	D e 7 — e 5 :
8.	P f 2 — f 4 (c)	P d 4 — c 3 : †
9.	R g 1 — h 1	P c 3 — b 2 : (d)

(a) Pour empêcher les pions de l'adversaire de s'établir au centre.

(b) Si les noirs avaient joué P d 4 — c 3 : les blancs en jouant C b 1 — c 3 : quoique avec un pion de moins, auraient assez beau jeu ; car toutes leurs pièces sont sorties et disposées à commencer l'attaque.

(c) Si sur ce coup les noirs retirent leur dame, les blancs auront une bonne position.

(d) Ce coup, qui au premier abord paraît bon, fait perdre la partie ; il eût beaucoup mieux valu retirer la dame.

BLANC.	NOIR.
10. **P** f 4 — e 5 :	P b 2 — a 1 : prend D
11. **D** d 1 — d 5	F c 5 -- e 7
12. **D** d 5 — f 7 : †	R e 8 — d 8
13. **F** c 1 — g 5	D a 1 — e 5 :
14. **D** f 7 — f 8 †	Mat.

Les blancs auraient toujours gagné en prenant avec la dame P g 7.

Sixième début.

BLANC.	NOIR.
1. **P** e 2 — e 4	P e 7 — e 5
2. **C** g 1 — f 3	C b 8 — c 6
3. **F** f 1 — c 4	F f 8 — c 5
4. **P** c 2 — c 3	P d 7 — d 6
5. **P** d 2 — d 4	P e 5 — d 4 :
6. **P** c 3 — d 4 :	F c 5 — b 4 † (*a*)
7. **R** e 1 — f 1 (*b*)	F c 8 — g 4

(*a*) L'échec du fou, dans cette position, ne vaut rien et donne beau jeu aux blancs. Il fallait jouer F c 5 — b 6 , et la partie eût été sans avantage de part et d'autre.

(*b*) Vous le menacez maintenant de pousser votre pion de la dame une case, attaquant son cavalier, ce qui vous donnerait le moyen de gagner son fou. S'il joue P a 7 — a 6 ou F c 8 — d 7, vous devez jouer **D** d 1 — b 3 et vous gagnerez au moins un pion.

BLANC.	NOIR.
8. P d 4 — d 5	F g 4 — f 3 :
9. P g 2 — f 3 (*a*)	C c 6 — e 5
10. D d 1 — a 4 †	D d 8 — d 7
11. D a 4 — b 4 :	D d 7 — h 3 †
12. B f 1 — e 1	D h 3 — f 3 :
13. T h 1 — f 1	D f 3 — e 4 : † et gagne la partie.

Première variante au 9ᵉ coup.

BLANC.	NOIR.
9. D d 1 — a 4	D d 8 — d 7
10. P d 5 — c 6 :	F f 3 — g 2 : †
11. B f 1 — g 2 :	D d 7 — g 4 †
12. B g 2 — f 1	D g 4 — e 4 :
13. P c 6 — b 7 : †	R e 8 — e 7
14. P b 7 — a 8 : prend une D	D e 4 — c 4 : †
15. B f 1 — g 1	D c 4 — c 1 : †
16. B g 1 — g 2	D c 1 — g 5 †
17. B g 2 — f 1	D g 5 — c 1 †
18. B f 1 — e 2 finira par se dérober à l'échec perpétuel et gagnera.	

(*a*) C'est un mauvais coup de prendre le fou avec le pion. (*Voyez* la première variante.)

Deuxième variante au 7e coup.

BLANC.		NOIR.
7. R e 1 — f 1		D d 8 — d 7
8. D d 1 — a 4		F b 4 — a 5
9. C b 1 — a 3		F a 5 — b 6
10. F c 4 — b 5		P a 7 — a 6
11. P d 4 — d 5		P a 6 — b 5 :
12. D a 4 — a 8 :		

Si les noirs jouent C c 6 — a 5 vous devez jouer P b 2 — b 4, s'ils retirent le cavalier à une autre case, vous jouerez F c 1 — c 3, et vous aurez le meilleur jeu.

Troisième variante au 7e coup.

BLANC.		NOIR.
7. R e 1 — f 1		F b 4 — a 5
8. D d 1 — a 4		F c 8 — d 7
9. P d 4 — d 5		C c 6 — e 5 (*a*)
10. D a 4 — a 5 :		C e 5 — c 4 :

(*a*) Si les noirs avaient joué C c 6 — d 4, les blancs auraient toujours pris le fou avec leur dame, et laissé le cavalier noir prendre leur tour ; car le cavalier eût été enfermé, et par conséquent la pièce gagnée.

BLANC.   NOIR.

11. **D** a 5 — c 3   F d 7 — b 5
12. **D** c 3 — g 7 :

Les blancs gagnent un pion, et n'ont rien à craindre
de la découverte.

Septième début.

BLANC.   NOIR.

1. **P** e 2 — e 4   P e 7 — e 5
2. **C** g 1 — f 3   P d 7 — d 6 (*a*)
3. **F** f 1 — c 4   P f 7 — f 5 (*b*)
4. **P** d 2 — d 3   P c 7 — c 6
5. **P** e 4 — f 5 : (*c*)   F c 8 — f 5 :

(*a*) Ce n'est pas un aussi bon coup que C g 8 — f 6 ; car dans ce début
le fou du roi, une des meilleures pièces d'attaque, n'est pas en jeu.

(*b*) C'est fort avantageux d'échanger le pion du fou du roi contre celui du
roi adverse ; puisque par ce moyen l'on peut établir ses pions au centre, puis
en roquant à sa droite, la tour se trouve en état d'agir dès le commencement
de la partie. Cependant il n'est pas toujours bon de proposer cet échange de
pion. (*Voyez* le début suivant.)

(*c*) Si les blancs avaient refusé de prendre le pion du fou, les noirs auraient dû le laisser en prise, et ne le pousser en avant que lorsque les blancs
auraient roqué, et ensuite former l'attaque sur les pions qui couvrent le roi.
En général, on ne doit pas aisément se déterminer à pousser les pions des
ailes avant que son adversaire ait roqué, parce qu'il se retirera toujours du
côté où vos pions sont le moins avancés, et par conséquent le moins en état
de lui nuire.

BLANC.	NOIR.
6. F c 1 — g 5	C g 8 — f 6 (*a*)
7. C b 1 — d 2	P d 6 — d 5
8. F c 4 — b 3	F f 8 — d 6 (*b*)
9. D d 1 — e 2	D d 8 — e 7
10. R roque g 1 (*c*)	C b 8 — d 7
11. C f 3 — h 4	D e 7 — e 6
12. C h 4 — f 5 :	D e 6 — f 5 :
13. F g 5 — f 6 :	P g 7 — f 6 :
14. P f 2 — f 4	D f 5 — g 6
15. P f 4 — e 5 :	P f 6 — e 5 :
16. T f 1 — f 3	P h 7 — h 5
17. T a 1 — f 1	R roque c 8
18. P c 2 — c 4	P e 5 — e 4
19. P d 3 — e 4 :	P d 5 — d 4 (*d*)

(*a*) Si les blancs prenaient le cavalier avec leur fou, il faudrait le reprendre du pion pour porter la force des pions vers le centre.

(*b*) C'est une très-bonne case pour le fou du roi, et il peut servir principalement si votre adversaire roque avec la tour de son roi.

(*c*) Si les blancs avaient roqué du côté de leur dame, les noirs auraient dû roquer du côté de leur roi, pour attaquer ensuite avec leurs pions; mais il ne faut pas commencer les attaques de pions, avant qu'ils ne soient bien soutenus par eux-mêmes et par les pièces, sans quoi ces sortes d'attaques se trouvent manquées.

(*d*) Ici les noirs sacrifient le pion de leur roi pour laisser un passage libre au pion de leur dame : ce coup est bien joué et donne l'avantage; car quoique les blancs aient aussi un pion passé, comme ce pion est isolé, il doit nécessairement être pris, puisque les noirs peuvent l'attaquer avec toutes leurs pièces.

Huitième début.

BLANC.	NOIR.
1. P e 2 — e 4	P e 7 — e 5
2. C g 1 — f 3	P d 7 — d 6
3. P d 2 — d 4 (*a*)	P f 7 — f 5 (*b*)
4. P d 4 — e 5 :	P f 5 — e 4 :
5. C f 3 — g 5	P d 6 — d 5
6. P e 5 — e 6	C g 8 — h 6 (*c*)
7. D d 1 — h 5 † (*d*)	P g 7 — g 6
8. D h 5 — h 3 (*e*)	D d 8 — f 6
9. P c 2 — c 4	P c 7 — c 6
10. P c 4 — d 5 :	P c 6 — d 5 :

(*a*) Ce pion, poussé deux pas, est le coup juste, et vaut mieux que F f 1 — c 4.

(*b*) Les noirs en poussant ce pion compromettent leur partie, Philidor dans le premier renvoi de sa quatrième partie, indique cependant ce coup comme bon ; mais ce début, dû en partie à l'anonyme de Modène, prouve, je crois, que Philidor s'est trompé.

(*c*) Pour ne pas perdre l'échange d'une tour contre le cavalier.

(*d*) Au lieu de cet échec de la dame, l'anonyme fait jouer aux blancs C g 5 — h 7 : les noirs ne peuvent prendre ce cavalier sans perdre la partie ; mais ils peuvent jouer F c 8 — e 6 : et leur jeu sera au moins aussi beau que celui des blancs.

(*e*) La dame en se retirant à cette case, menace d'un coup assez dangereux P e 6 — e 7, il pourrait coûter une pièce aux noirs.

BLANC.	NOIR.
11. C b 1 — c 3	D f 6 — e 5
12. F f 1 — b 5 †	C b 8 — c 6
13. R roque g 1	F f 8 — g 7
14. T f 1 — d 1	

Les blancs gagnent un pion sur ce coup, et ils ont toutes leurs pièces bien disposées.

Neuvième début.

BLANC.	NOIR.
1. P e 2 — e 4	P e 7 — e 5
2. C g 1 — f 3	P d 7 — d 6
3. F f 1 — c 4	F c 8 — g 4
4. P h 2 — h 3	F g 4 — h 5
5. P c 2 — c 3	C g 8 — f 6
6. P d 2 — d 3	F f 8 — e 7
7. F c 1 — e 3	R roque g 8 (a)
8. P g 2 — g 4	F h 5 — g 6
9. C f 3 — h 4	P c 7 — c 6 (b)
10. C h 4 — g 6 :	P h 7 — g 6 :

(a) Les noirs, en roquant, compromettent leur partie ; il eût mieux valu sortir le cavalier de la dame, ou prendre le cavalier du roi adverse.

(b) P d 6 — d 5 eût été meilleur.

BLANC.	NOIR.
11. **P** h 3 — h 4	P b 7 — b 5 (*a*)
12. **F** c 4 — b 3	P a 7 — a 5
13. **P** a 2 — a 4	P b 5 — b 4
14. **P** h 4 — h 5	P g 6 — h 5 :
15. **P** g 4 — g 5 (*b*)	C f 6 — g 4
16. **T** h 1 — h 5 :	C g 4 — e 3 :
17. **T** h 5 — h 8 † (*c*)	R g 8 — h 8 :
18. **D** d 1 — h 5 †	R h 8 — g 8
19. **P** g 5 — g 6	Perdu.

Dixième début.

BLANC.	NOIR.
1. **P** e 2 — e 4	P e 7 — e 5
2. **C** g 1 — f 3	C b 8 — c 6
3. **F** f 1 — c 4	C g 8 — f 6 (*d*)
4. **C** f 3 — g 5	P d 7 — d 5 (*e*)

(*a*) Les noirs doivent s'attacher à détruire l'attaque du fou du roi adverse sur le pion du fou de leur roi, ils peuvent y arriver en jouant P d 6 — d 5, en poussant P b 7 — b 5, P a 7 — a 5, et plus tard P b 5 — b 4 ils perdent des temps dans un moment critique.

(*b*) C'est meilleur que de faire pion pour pion.

(*c*) Les blancs, ici, jouent très-bien, et l'on doit y faire attention, car l'on rencontre souvent des situations analogues.

(*d*) Les noirs jouent mal ici, il eût fallu sortir F f 8 — c 5.

(*e*) C'est le coup juste.

BLANC.	NOIR.
5. **P** e 4 — d 5 :	C f 6 — d 5 :
6. **C** g 5 — f 7 : (*a*)	R e 8 — f 7 :
7. **D** d 1 — f 3 †	R f 7 — e 6
8. **C** b 1 — c 3	C c 6 — e 7 (*b*)
9. **P** d 2 — d 4	P h 7 — h 6 (*c*)
10. **R** roque g 1	P c 7 — c 6
11. **T** f 1 — e 1	C e 7 — g 6
12. **P** d 4 — e 5 :	C g 6 — h 4
13. **D** f 3 — g 4 †	R e 6 — f 7
14. **P** e 5 — e 6 †	R f 7 — g 8

Dans cette position les blancs, quoique avec une pièce de moins, ont une assez bonne partie

Première variante.

BLANC.	NOIR.
10. **D** f 3 — e 4	D d 8 — d 6
11. **R** roque g 1	P g 7 — g 5

(*a*) Le sacrifice de ce cavalier donne aux blancs une très-forte attaque, et les noirs peuvent difficilement défendre la partie.

(*b*) Les noirs auraient mal joué, si au lieu de ce coup ils avaient joué C c 6 — b 4 ; dans ce cas les blancs gagneraient en poussant sur le cavalier et laissant prendre leur tour.

(*c*) Pour empêcher les blancs de jouer **F** e 1 — g 5.

BLANC.	NOIR.
12. P f 2 — f 4	P g 5 — f 4 :
13. F c 1 — f 4 :	F f 8 — g 7
14. T a 1 — d 1	R e 6 — d 7

Les blancs, quoique avec une pièce de moins, ont beau jeu, et une attaque très-forte.

Deuxième variante.

BLANC.	NOIR.
9. P d 2 — d 4	P h 7 — h 6
10. D f 3 — e 4	P c 7 — c 6 (*a*)
11. D e 4 — e 5 :	R e 6 — f 7

L'attaque des blancs est perdue, et les noirs ont beau jeu.

Troisième variante.

BLANC.	NOIR.
8. C b 1 — c 3	C c 6 — e 7
9. R roque g 1	P c 7 — c 6
10. T f 1 — e 1	C e 7 — g 6

(*a*) Il ne faut pas défendre le pion du roi quand il est attaqué par la dame.

BLANC.	NOIR.
11. **P** d 2 — d 4	F f 8 — b 4
12. **D** f 3 — g 5	F b 4 — c 3 :
13. **T** e 1 — e 5 : †	C g 6 — e 5 :
14. **D** g 3 — e 5 : †	R e 6 — f 7
15. **F** c 1 — g 5	F c 3 — d 4 :
6. **D** e 5 — f 4 †	F d 4 — f 6

Les noirs ont très-beau jeu.

Onzième début.

BLANC.	NOIR.
1. **P** e 2 — e 4	P e 7 — e 5
2. **C** g 1 — f 3	C b 8 — c 6
3. **P** d 2 — d 4	P e 5 — d 4 :
4. **F** f 1 — c 4	F f 8 — c 5 (*a*)
5. **C** f 3 — g 5	C c 6 — e 5 (*b*)
6. **F** c 4 — f 7 : †	C e 5 — f 7 :
7. **C** g 5 — f 7 :	F c 5 — b 4 † (*c*)
8. **P** c 2 — c 3	P d 4 — c 3

(*a*) Lorsque l'on veut conserver le pion on est exposé à une attaque **assez** forte.

(*b*) C g 8 — h 6 eût été meilleur. (*Voyez* la variante suivante.)

(*c*) Les noirs, dans le but de conserver toujours leur pion, font sortir les pièces de leur adversaire et lui donnent l'attaque.

BLANC.	NOIR.
9. P b 2 — c 3 :	F b 4 — c 3 : †
10. C b 1 — c 3 :	R e 8 — f 7 :
11. D d 1 — d 5 †	R f 7 — f 8
12. F c 1 — a 3 †	P d 7 — d 6
13. P e 4 — e 5	

Dans cette position les blancs, quoique avec un pion de moins, ont très-beau jeu.

Variante au 5e coup.

BLANC.	NOIR.
5. C f 3 — g 5	C g 8 — h 6
6. F c 4 — f 7 : †	C h 6 — f 7 :
7. C g 5 — f 7 :	R e 8 — f 7 :
8. D d 1 — h 5 †	P g 7 — g 6
9. D h 5 — c 5 :	D d 8 — e 7
10. D c 5 — c 4 †	D e 7 — e 6
11. D c 4 — e 2	P d 7 — d 5 (*a*)
12. P f 2 — f 3	T h 8 — e 8
13. R roque g 1	R f 7 — g 7
14. D e 2 — f 2	P d 5 — e 4 :
15. P f 3 — e 4 :	F c 8 — d 7

(*a*) Si les blancs prennent le pion, les noirs font dame pour dame, puis jouent C c 6 — b 4, reprennent leur pion, et ont une partie au moins égale.

BLANC.   NOIR.

16. **D** f 2 — h 4   R g 7 — g 8
17. **F** c 8 — h 6 et ont assez
     beau jeu.

Douzième début.

BLANC.   NOIR.

1. **P** e 2 — e 4   P e 7 — e 5
2. **C** g 1 — f 3   C b 8 — c 6
3. **P** d 2 — d 4   C c 6 — d 4 :
4. **C** f 3 — e 5 : (*a*)   C d 4 — e 6
5. **F** f 1 — c 4   P c 7 — c 6 (*b*)
6. **F** c 4 — e 6 :   D d 8 — a 5 †
7. **C** b 1 — c 3   D a 5 — e 5 :
8. **F** e 6 — b 3   F f 8 — c 5 et la partie est à
9. **R** roque g 1   peu près égale.

(*a*) Les blancs pourraient jouer aussi **C** f 3 — d 4 : puis **D** d 1 — d 4 : leur partie serait égale à celle des noirs, et ils auraient toujours conservé le trait.

(*b*) Au lieu de ce coup si les noirs avaient joué F f 8 — c 5, les blancs auraient dû jouer **F** c 4 — e 6 : si les noirs reprennent du pion de la dame, les blancs gagnent, en échangeant les dames, un pion et une tour ; si les noirs reprennent avec le pion du fou du roi, les blancs donnent échec de la dame et ont très-beau jeu.

Si les noirs, au lieu de P c 7 — c 6, avaient joué P d 7 — d 6, les blancs

Treizième début.

BLANC.	NOIR.
1. P e 2 — e 4	P e 7 — e 5
2. C g 1 — f 3	C b 8 — c 6
3. P d 2 — d 4	P e 5 — d 4 :
4. F f 1 — c 4	F f 8 — b 4 †
5. P c 2 — c 3	P d 4 — c 3 :
6. R roque g 1	P c 3 — b 2 : (*a*)
7. F c 1 — b 2 :	C g 8 — f 6
8. C f 3 — g 5	R roque g 8
9. P e 4 — e 5	C f 6 — e 8
10. D d 1 — h 5	P h 7 — h 6
11. C g 5 — f 7 : et gagnent	
la partie.	

Première variante au 7ᵉ coup.

BLANC.	NOIR.
7. F c 1 — b 2 :	P f 7 — f 6
8. D d 1 — b 3	C g 8 — h 6

---

auraient dû jouer F c 4 — b 5 †, et sacrifier le cavalier et le fou pour deux pions et la tour de l'adversaire.

(*a*) En prenant ce pion les noirs mettent en attaque le fou de la dame de leur adversaire, et compromettent leur partie ; au lieu de ce coup ils devaient jouer P d 7 — d 6.

BLANC.	NOIR.
9. P e 4 — e 5	P f 6 — e 5 :
10. C f 3 — e 5 :	D d 8 — e 7
11. C e 5 — c 6 :	P b 7 — c 6 :
12. F b 2 — g 7 :	D e 7 — g 7 :
13. D b 3 — b 4 :	P d 7 — d 5 (a)
14. T f 1 — e 1 †	R e 8 — d 8
15. C b 1 — c 3	P d 5 — c 4 :
16. T a 1 — d 1 †	F c 8 — d 7
17. D b 4 — b 7	T a 8 — c 8
18. D b 7 — c 6 :	T h 8 — e 8
19. T d 1 — d 7 : †	D g 7 — d 7 :
20. D c 6 — f 6 †	T e 8 — e 7
21. C c 3 — d 5	C h 6 — g 8
22. D f 6 — g 5	D d 7 — e 8
23. C d 5 — e 7 :	C g 8 — e 7 :
24. T e 1 — d 1 † et les	

blancs gagneront la partie.

Deuxième variante.

BLANC.	NOIR.
7. F c 1 — b 2 :	P f 7 — f 6
8. C f 3 — g 5	C g 8 — h 6
9. D d 1 — h 5 †	R e 8 — f 8 (b)
10. P f 2 — f 4	

Les blancs ont le meilleur jeu.

(a) Si les noirs prenaient la tour ils seraient mat au troisième coup.

(b) Si les noirs avaient joué R e 8 — e 7, les blancs auraient dû jouer

Troisième variante.

BLANC.	NOIR.
7. F c 1 — b 2	P f 7 — f 6
8. P e 4 — c 5	P f 6 — e 5 :
9. G f 3 — e 5 :	C c 6 — c 5 :
10. F b 2 — e 5 :	C g 8 — f 6
11. D d 1 — a 4	D d 8 — e 7
12. F e 5 — f 6 :	P g 7 — f 6 :
13. P a 2 — a 3	F b 4 — c 5
14. G b 1 — c 3	

Les blancs ont une attaque à laquelle les noirs ne peuvent résister.

Quatorzième début.

BLANC.	NOIR.
1. P e 2 — e 4	P e 7 — e 5
2. G g 1 — f 3	C b 8 — c 6
3. P d 2 — d 4	P e 5 — d 4 :
4. F f 1 — c 4	F f 8 — b 4 †
5. P c 2 — c 3	P d 4 — c 3 :
6. R roque g 1	P d 7 — d 6

---

ainsi F b 2 — f 6 : + R e 7 — f 6 : G g 5 — f 7, et ils auraient gagné la partie.

	BLANC.	NOIR.
7.	P a 2 — a 3	F b 4 — c 5
8.	P b 2 — b 4	F c 5 — b 6
9.	D d 1 — b 3	D d 8 — f 6
10.	C b 1 — c 3 :	F c 8 — e 6
11.	C c 3 — d 5	F e 6 — d 5 :
12.	F c 4 — d 5 :	C g 8 — e 7
13.	F c 1 — g 5	D f 6 — g 6

Dans cette position la partie est à peu près égale; si les noirs ont un pion de plus , les blancs ont toutes leurs pièces dégagées et disposées pour l'attaque. (*Voyez* pour la fin de cette partie le troisième chapitre.)

Quinzième début.

	BLANC.	NOIR.
1.	P e 2 — e 4	P e 7 — e 5
2.	C g 1 — f 3	C b 8 — c 6
3.	F f 1 — c 4	F f 8 — c 5
4.	P b 2 — b 4 (*a*)	F c 5 — b 4 :
5.	P c 2 — c 3	F b 4 — a 5 (*b*)

(*a*) Ce coup est ingénieux: on perd un pion, il est vrai , mais on a une attaque assez forte ; les noirs ne peuvent gagner le pion qu'en prenant avec leur fou.

(*b*) Si les noirs retiraient leur fou à la case c 5, les blancs, en poussant P d 2 — d 4, établiraient leurs pions au centre. (*Voyez* la cinquième variante.)

BLANC.	NOIR.
6. **R** roque g 1	C g 8 — f 6
7. **C** f 3 — g 5	R roque g 8
8. **P** f 2 — f 4	P h 7 -- h 6 (*a*)
9. **C** g 5 — f 7 :	T f 8 — f 7 :
10. **F** c 4 — f 7 : †	R g 8 — f 7 :
11. **P** f 4 -- e 5 :	C c 6 — e 5 :
12. **D** d 1 — h 5 †	R f 7 — e 6
13. **D** h 5 — f 5 †	R e 6 — d 6 (*b*)
14. **P** d 2 — d 4	C e 5 — c 6
15. **F** c 1 — a 3 †	Perdu.

Première variante au 8e coup.

BLANC.	NOIR.
8. **P** f 2 — f 4	P d 7 — d 5
9. **P** e 4 — d 5 :	C f 6 — d 5 :
10. **F** c 1 — a 3	

Sur ce coup les noirs perdent l'échange de la tour
contre un fou, ce qui doit faire gagner les blancs. Si les
noirs jouent C c 6 — e 7, les blancs joueront **F** c 4 — d 5 :
si les noirs jouent T f 8 — e 8, les blancs joueront
D d 1 — h 5.

(*a*) Ce coup est mal joué et fait perdre les noirs, il eût beaucoup mieux
valu jouer P d 7 — d 6.

(*b*) Les noirs, en avançant leur roi pour soutenir leur cavalier, perdent la
partie en peu de coups.

Deuxième variante.

	BLANC.	NOIR.

	BLANC.	NOIR.
8.	P f 2 — f 4	P d 7 — d 6
9.	P d 2 — d 3	P h 7 — h 6
10.	P f 4 — f 5	P h 6 — g 5 :
11.	F c 1 — g 5 :	F a 5 — b 6 †
12.	R g 1 — h 1	C c 6 — a 5
13.	D d 1 — e 1	C a 5 — c 4 :
14.	P d 3 — c 4 :	T f 8 — e 8
15.	D e 1 — h 4	

Dans cette position les blancs doivent gagner en jouant
T f 3 puis T f 3 — h 3. La meilleure défense des noirs
est en donnant la pièce de la manière suivante :

	BLANC	NOIR
15.	D e 1 — h 4	F b 6 — e 3
16.	F g 5 — e 3 :	C f 6 — h 7
17.	D h 4 — g 3	

Les blancs ont l'avantage de la position.

Troisième variante.

	BLANC.	NOIR.
8.	P f 2 — f 4	P d 7 — d 6
9.	P d 2 — d 3	F c 8 — g 4
10.	D d 1 — e 1	P e 5 — f 4 :

BLANC.	NOIR.
11. F c 1 — f 4 :	P h 7 — h 6
12. C g 5 — f 3	

Les noirs ont l'avantage d'un pion de plus et la position est à peu près égale.

Quatrième variante.

BLANC.	NOIR.
6. R roque g 1	P d 7 — d 6
7. P d 2 — d 4	C g 8 — f 6
8. D d 1 — a 4	P e 5 — d 4 :
9. P e 4 — e 5	C f 6 — g 4
10. P c 3 — d 4 :	F c 8 — d 7 (a)
11. D a 4 — a 3	F a 5 — b 6
12. F c 1 — g 5	P f 7 — f 6
13. P e 5 — d 6 :	P c 7 — d 6 :
14. T f 1 — e 1 †	C c 6 — e 7
5. F g 5 — f 4 gagnent un	

pion et ont plus beau jeu.

Cinquième variante.

BLANC.	NOIR.
5. P c 2 — c 3	F b 4 — c 5
6. R roque g 1	C g 8 — f 6
7. P d 2 — d 4	P e 5 — d 4 :

(a) Si les noirs roquaient, les blancs en jouant P h 2 — h 3, puis P d 4 — d 5 gagneraient une pièce.

BLANC.   NOIR.

8. **P** c 3 — d 4 :   F c 5 — b 6
9. **P** e 4 — e 5   C f 6 — g 8
10. **P** d 4 — d 5 et ont très-
beau jeu.

Sixième variante.

5. **P** c 2 — c 3   F b 4 — c 5
6. **R** roque g 1   P d 7 — d 6
7. **P** d 2 — d 4   P e 5 — d 4 :
8. **P** c 3 — d 4 :   F c 5 — b 6
9. **F** c 1 — b 2   C g 8 — f 6
10. **C** b 1 — d 2   F c 8 — g 4
11. **P** e 4 — e 5   P d 6 — e 5 :
12. **P** d 4 — e 5 :   F g 4 — f 3 :
13. **C** d 2 — f 3 :   D d 8 — d 1 :
14. **T** a 1 — d 1 :   C f 6 — g 4

La position des blancs est supérieure à celle des noirs,
et ils ont beau jeu quoiqu'ils aient un pion de moins.

Septième variante.

BLANC.   NOIR.

5. **P** c 2 — c 3   F b 4 — e 7
6. **P** d 2 — d 4   P e 5 — d 4 : (*a*)
7. **P** c 3 — d 4 :

Et vous avez vos pions établis au centre.

––––––––––––––––––––

(*a*) Si au lieu de prendre ils jouaient P d 7 — d 6, il faudrait jouer
D d 1 — b 3, regagnant ainsi votre pion et une bonne position.

TROISIÈME SECTION.

GAMBIT DU ROI.

Celui qui donne le gambit joue, au troisième coup, son fou du roi à la quatrième case du fou de sa dame.

Le mot gambit vient du mot italien *gambitto*, qui veut dire croc en jambe. La partie prend le nom de gambit, quand celui qui a le trait sacrifie, au second coup, le pion du fou du roi. Le sacrifice de ce pion donne le moyen de dégager plus aisément ses pièces, et d'entrer immédiatement en attaque; néanmoins la partie, dans le cas d'une attaque et d'une défense également bonnes, doit être gagnée par celui qui reçoit et qui prend le pion du gambit; l'avantage de ce pion devant décider le gain de la partie, entre joueurs d'égale force; je ne partage donc pas l'opinion de Philidor, qui prétend : Qu'un gambit bien attaqué et biend éfendu, n'est jamais une partie décisive de côté ni d'autre. « *Gambitto a' giuocator farsi non lice.* »

Dans le cas où le joueur à qui l'on donne le gambit, se défierait de ses forces, ou ne connaîtrait pas la défense régulière des premiers coups, il aurait la ressource de ne pas l'accepter. Il trouvera dans la cinquième section plusieurs débuts qui lui donneront le moyen d'éviter le gambit.

Premier début.

BLANC.	NOIR.
1. P c 2 — e 4	P e 7 — e 5
2. P f 2 — f 4	P e 5 — f 4 :
3. F f 1 — c 4	D d 8 — h 4 †
4. R e 1 — f 1	F f 8 — c 5 (*a*)
5. P d 2 — d 4	F c 5 — b 6
6. C g 1 — f 3	D h 4 — f 6 (*b*)
7. P e 4 — e 5	D f 6 — f 5 (*c*)
8. F c 4 — d 3	D f 5 — g 4
9. P h 2 — h 3	D g 4 — g 3
10. C b 1 — c 3	

Dans cette position les noirs doivent perdre la dame ou un pièce.

Première variante au 6ᵉ coup.

BLANC.	NOIR.
6. C g 1 — f 3	D h 4 — h 6 (*d*)

(*a*) La sortie de ce fou à cette case est une faute, qui permet à l'adversaire de pousser le pion et de gagner des temps.

(*b*) Les noirs auraient dû jouer D h 4 — h 5.

(*c*) Les noirs jouant fort mal leur dame, les blancs gagnent des temps en l'attaquant.

(*d*) Ce coup est mal joué.

BLANC.	NOIR.
7. P g 2 — g 3	D h 6 — h 3 †
8. R f 1 — f 2	P f 4 — g 3 : †
9. P h 2 — g 3 :	D h 3 — g 4
10. F c 4 — f 7 : †	R e 8 — f 8
11. T h 1 — h 4	Perdu.

Deuxième variante au 6ᵉ coup.

BLANC.	NOIR.
6. C g 1 — f 3	D h 4 — e 7
7. F c 1 — f 4 :	D e 7 — c 4 :
8. F c 4 — f 7 : †	R e 8 — f 8 (*a*)
9. F f 4 — g 3	C g 8 — h 6
10. C b 1 — c 3	D e 4 — e 7
11. F f 7 — b 3	P c 7 — c 6 (*b*)
12. D d 1 — d 3	P d 7 — d 5
13. T a 1 — e 1	D e 7 — f 7
14. F g 3 — d 6 †	R f 8 — g 8
15. T e 1 — e 7	D f 7 — f 6
16. C c 3 — d 5 :	D f 6 — d 6 :
17. C d 5 — f 6 †	R g 8 — f 8
18. T e 7 — e 8 †	Mat.

(*a*) Si l'on prenait le fou, la dame serait perdue par le double échec du cavalier.

(*b*) C'est une faute, il eût mieux valu jouer P d 7 — d 6.

Deuxième début.

BLANC.	NOIR.
1. P e 2 — e 4	P e 7 — e 5
2. P f 2 — f 4	P e 5 — f 4 :
3. F f 1 — c 4	P g 7 — g 5 (*a*)
4. P h 2 — h 4	F f 8 — g 7 (*b*)
5. P d 2 — d 4	P h 7 — h 6
6. P h 4 — g 5 :	P h 6 — g 5 :
7. T h 1 — h 8 :	F g 7 — h 8 :
8. D d 1 — h 5	D d 8 — f 6
9. P e 4 — e 5	D f 6 — g 7
10. C g 1 — h 3	

Les blancs ont beau jeu.

(*a*) C'est un mauvais coup; il faut, avant de pousser ce pion deux pas, donner échec avec la dame à la case h 4.

(*b*) Au lieu de ce coup si les noirs avaient joué P f 7 — f 6, ils étaient mat en cinq coups. D d 1 — h 5 + R e 8 — e 7 D h 5 — f 7 + R e 7 — d 6 P e 4 — e 5 + P f 6 — e 5 : D f 7 — d 5 + R d 6 — e 7 D d 5 — e 5 : + mat. Il y a d'autres variantes, mais le mat est toujours en cinq coups.

Si au lieu de jouer F f 8 — g 7 les noirs jouaient F f 8 — e 7, les blancs gagneraient en jouant D d 1 — h 5.

Troisième début.

	BLANC.	NOIR.
1.	P e 2 — e 4	P e 7 — e 5
2.	P f 2 — f 4	P e 5 — f 4 :
3.	F f 1 — c 4	D d 8 — h 4 †
4.	R e 1 — f 1	P g 7 — g 5
5.	C g 1 — f 3	D h 4 — h 5
6.	P d 2 — d 4	C g 8 — f 6 (a)
7.	D d 1 — e 2	C b 8 — c 6
8.	P e 4 — e 5	C f 6 — g 4
9.	C b 1 — c 3	F f 8 — e 7
10.	C c 3 — b 5	F e 7 — d 8
11.	P d 4 — d 5	C c 6 — a 5
12.	R f 1 — g 1	D h 5 — h 6
13.	P h 2 — h 3	

Dans cette position les blancs ont très-beau jeu.

Quatrième début.

	BLANC.	NOIR.
1.	P e 2 — e 4	P e 7 — e 5
2.	P f 2 — f 4	P e 5 — f 4 :
3.	F f 1 — c 4	D d 8 — h 4 †

(a) Ce coup n'est pas très-bon ; il eût mieux valu jouer P d 7 — d 6.

BLANC.	NOIR.
4. B c 1 — f 1	P d 7 — d 6
5. C g 1 — f 3	F c 8 — g 4
6. P d 2 — d 4	D h 4 — h 6
7. P g 2 — g 3	P g 7 — g 5
8. P h 2 — h 4	P f 7 — f 6 (a)
9. P e 4 — e 5	P d 6 — e 5 :
10. P d 4 — e 5 :	P f 6 — e 5 :
11. D d 1 — d 5	F g 4 — f 3 :
12. D d 5 — f 3 :	

Dans cette position les blancs ont très-beau jeu.

Cinquième début.

BLANC.	NOIR.
1. P e 2 — e 4	P e 7 — e 5
2. P f 2 — f 4	P e 5 — f 4 :
3. F f 1 — c 4	D d 8 — h 4 †
4. B e 1 — f 1	P d 7 — d 6
5. C g 1 — f 3	F c 8 — g 4
6. P d 2 — d 4	D h 4 — h 6 (b)
7. P g 2 — g 3	D h 6 — h 3 †
8. B f 1 — f 2	P f 4 — g 3 : †

(a) Dans presque toutes les parties de gambit il est fort dangereux de pousser ce pion.

(b) La dame à cette case est mal jouée, P g 7 — g 5 eût été préférable.

BLANC.	NOIR.
9. P h 2 — g 3 :	F g 4 — f 3 :
10. F c 4 — f 7 : †	R e 8 — d 8
11. D d 1 — f 3 :	D h 3 — d 7
12. T h 1 — h 7 :	T h 8 — h 7 :
13. F f 7 — g 8 :	T h 7 — h 2 †
14. R f 2 — g 1	T h 2 — c 2 :
15. D f 3 — f 8 : †	D d 7 — e 8 :
16. F c 1 — g 5 †	R d 8 — d 7
17. F g 8 — e 6 †	D e 8 — e 6 :
18. D f 8 — d 8	Perdu.

Sixième début.

BLANC.	NOIR.
1. P e 2 — e 4	P e 7 — e 5
2. P f 2 — f 4	P e 5 — f 4 :
3. F f 1 — c 4	D d 8 — h 4 †
4. R e 1 — f 1	P g 7 — g 5
5. C g 1 — f 3	D h 4 — h 5
6. P d 2 — d 4	P d 7 — d 6
7. P c 2 — c 3	F c 8 — g 4
8. R f 1 — f 2	C g 8 — f 6
9. D d 1 — e 2	C b 8 — d 7
10. P h 2 — h 4	F g 4 — f 3 :
11. D e 2 — f 3 :	P g 5 — g 4 (*a*)

(*a*) Au lieu de ce coup Philidor fait échanger les dames et le roi des

BLANC.	NOIR.
12. **D** f 3 — f 4 :	P g 4 — g 3 ✝
13. **R** f 2 — g 3 : (*a*)	T h 8 — g 8 ✝ (*b*)
14. **R** g 3 — h 3	T g 8 — g 4

Dans cette position les noirs ont beau jeu.

Septième début.

BLANC.	NOIR.
1. **P** e 2 — e 4	P e 7 — e 5
2. **P** f 2 — f 4	P e 5 — f 4 :
3. **F** f 1 — c 4	D d 8 — h 4 ✝
4. **R** e 1 — f 1	P g 7 — g 5 (*c*)
5. **C** g 1 — f 3	D h 4 -- h 5

---

blancs, en prenant la dame adverse, et se portant au milieu du jeu, où il ne risque plus d'être inquiété, sert autant qu'une autre pièce, et fait gagner la partie. Les noirs, en sacrifiant leurs deux pions, ont l'attaque.

(*a*) Si, au lieu de prendre, les blancs jouaient **R** f 2 — e 1, les noirs devraient roquer, et auraient un jeu très-beau.

(*b*) Les noirs pouvaient aussi, avant de donner l'échec de la tour, jouer F f 8 — h 6 ; si les blancs prennent le fou, ils sont mat ou perdent la dame **D** f 4 — h 6 : T h 8 — g 8 ✝ **F** c 1 — g 5 D h 5 — h 6 : mais l'échec de la tour donné de suite est préférable.

(*c*) C'est le coup juste.

BLANC.	NOIR.
6. **P** h 2 — h 4	F f 8 — g 7
7. **P** d 2 — d 4 (*a*)	P d 7 — d 6
8. **C** b 1 — c 3	P h 7 — h 6
9. **C** c 3 — d 5	R e 8 — d 8
10. **F** c 4 — e 2	D h 5 — g 6
11. **P** e 4 — e 5	P c 7 — c 6
12. **F** e 2 — d 3	F c 8 — f 5

Les noirs ont beau jeu.

Variante au 7ᵉ coup.

BLANC.	NOIR.
7. **C** b 1 — c 3	P h 7 — h 6
8. **P** d 2 — d 4	P d 7 — d 6
9. **P** e 4 — e 5	P d 6 — e 5 :
10. **C** c 3 — d 5	R e 8 — d 8
11. **P** d 4 — e 5 :	F c 8 — d 7
12. **R** f 1 — g 1	D h 5 — g 6
13. **P** h 4 — g 5 :	P h 6 — g 5 :
14. **T** h 1 — h 8 :	F g 7 — h 8 :

(*a*) Si les blancs jouaient **R** f 1 — g 1, les noirs prendraient de suite l'attaque en jouant F g 7 — d 4 + **R** g 1 — h 2 P g 5 — g 4 ou ils forceraient le roi des blancs à revenir à la case f 1.

BLANC.	NOIR.
15. **D** d 1 — e 1	C b 8 — c 6 (*a*)
16. **F** c 1 — f 4 : ici vous re-	

gagnez le pion du gambit ; car si les noirs prennent le fou, vous jouez **D** e 1 -- h 4, recouvrant la pièce avec une bonne position.

Huitième début.

BLANC.	NOIR.
1. **P** e 2 — e 4	P e 7 — e 5
2. **P** f 2 — f 4	P e 5 — f 4 :
3. **F** f 1 — c 4	P f 7 — f 5 (*b*)
4. **P** e 4 — f 5 : (*c*)	D d 8 — h 4 †
5. **R** e 1 — f 1	P f 4 — f 3
6. **F** c 4 — g 8 :	P f 3 — g 2 : †
7. **R** f 1 — g 2 :	T h 8 — g 8 :

Dans cette position les noirs ont le meilleur jeu.

(*a*) Au lieu de ce coup les noirs devaient jouer F h 8 — g 7, et ils au- raient eu toujours l'avantage du pion du gambit.

(*b*) Ce coup a été indiqué comme très-bon par plusieurs auteurs. Je pense qu'il y a quelque danger à le jouer. (*Voyez* la variante qui suit.)

(*c*) Les blancs en prenant le pion commettent une faute.

Variante au 4ᵉ coup.

BLANC.	NOIR.
4. C b 1 — c 3	D d 8 — h 4 †
5. R e 1 — f 1	C g 8 — f 6
6. C g 1 — f 3	D h 4 — h 5
7. P e 4 — e 5	C f 6 — g 4 (*a*)
8. P d 2 — d 4	C g 4 — e 3 †
9. F c 1 — e 3 :	P f 4 — e 3 :
10. C c 3 — d 5	R e 8 — d 8
11. C d 5 — e 3 :	

Les blancs ont beau jeu.

(*a*) S'ils avaient joué C f 6 — e 4, vous auriez dû jouer C c 3 — d 5 et vous auriez eu très-beau jeu.

QUATRIÈME SECTION.

Celui qui donne le gambit joue, au troisième coup, le cavalier du roi à la troisième case de son fou.

Premier début.

BLANC.	NOIR.
1. P e 2 — e 4	P e 7 — e 5
2. P f 2 — f 4	P e 5 — f 4 :
3. C g 1 — f 3	P g 7 — g 5
4. F f 1 — c 4	P g 5 — g 4
5. C f 3 — e 5	D d 8 — h 4 †
6. R e 1 — f 1	C g 8 — h 6
7. P d 2 — d 4	P d 7 — d 6
8. C e 5 — d 3	P f 4 — f 3
9. P g 2 — g 3	D h 4 — h 3 † (*a*)
10. R f 1 — f 2 (*b*)	D h 3 — g 2 †
11. R f 2 — e 3	F f 8 — e 7 (*c*)
12. C d 3 — f 4	F e 7 — g 5

(*a*) Les noirs compromettent leur dame en donnant cet échec ; le coup juste était de ramener la dame à la seconde case de son roi.

(*b*) Les blancs auraient mieux joué en plaçant leur roi à sa case comme dans la première variante

(*c*) Les noirs auraient beaucoup mieux joué en jouant au lieu de ce coup D g 2 — e 2

BLANC.	NOIR.
13. F c 4 — f 1	D g 2 — h 1 :
14. F f 1 — b 5 †	La dame est perdue. (*a*)

Première variante au 10ᵉ coup.

BLANC.	NOIR.
10. R f 1 — e 1	D h 3 — g 2
11. C d 3 — f 2	C b 8 — c 6
12. F c 4 — f 1	La dame est perdue.

Deuxième variante.

BLANC.	NOIR.
10. R f 1 — e 1	D h 3 — h 5
11. C d 3 — f 4	D h 5 — a 5 † (*b*)
12. F c 1 — d 2	D a 5 — b 6 (*c*)

(*a*) Quoique les noirs perdent leur dame, ils peuvent défendre encore la partie, car en poussant sur le fou ils ont deux pièces pour la dame et une bonne position.

(*b*) Les noirs auraient mieux fait de jouer D h 5 — g 5 ; car les blancs n'auraient pu tirer aucun avantage décisif de la découverte sur la dame.

(*c*) Les noirs en jouant D a 5 — a 4 auraient pu sauver leur dame ; mais toutes les pièces des blancs seraient sorties, et ils auraient très-beau jeu.

BLANC.	NOIR.
13. **C** f 4 — d 5	D b 6 — d 4 : (*a*)
14. **F** c 4 — d 3	D d 4 — e 5
15. **F** d 2 — b 4	D e 5 — d 4
16. **F** d 3 — b 5 †	Perdu.

Deuxième début.

BLANC.	NOIR.
1. **P** e 2 — e 4	P e 7 — e 5
2. **P** f 2 — f 4	P e 5 — f 4 :
3. **C** g 1 — f 3	P g 7 — g 5
4. **F** f 1 — c 4	P g 5 — g 4
5. **C** f 3 — e 5	D d 8 — h 4 †
6. **R** e 1 — f 1	C g 8 — f 6 (*b*)
7. **F** c 4 — f 7 : †	R e 8 — d 8
8. **F** f 7 — b 3 (*c*)	C f 6 — h 5
9. **C** e 5 — f 7 †	R d 8 — e 8
10. **C** f 7 — h 8 :	C h 5 — g 3 †

(*a*) Si l'on eût joué D b 6 — c 6, les blancs en jouant **F** c 4 — b 5, gagneraient la dame.

(*b*) Ce coup dont l'invention est due à Salvio est assez ingénieux.

(*c*) Les blancs ne songent qu'à gagner une tour et négligent une attaque qui doit les faire perdre.

BLANC.	NOIR.
11. **P** h 2 — g 3 : (*a*)	D h 4 — h 1 : †
12. **B** f 1 — e 2	P f 4 — f 3 †
13. **P** g 2 — f 3 :	P g 4 — f 3 : †
Perdu.	

Troisième début.

BLANC.	NOIR.
1. **P** e 2 — e 4	P e 7 — e 5
2. **P** f 2 — f 4	P e 5 — f 4 :
3. **C** g 1 — f 3	P g 7 — g 5
4. **F** f 1 — c 4	P g 5 — g 4
5. **C** f 3 — e 5	D d 8 — h 4 †
6. **B** e 1 — f 1	C g 8 — f 6
7. **F** c 4 — f 7 :	R e 8 — d 8
8. **P** d 2 — d 4	C f 6 — e 4 :
9. **D** d 1 — e 2 (*b*)	C e 4 — g 3 †
10. **P** h 2 — g 3 :	D h 4 — h 1 : †

(*a*) Si les blancs au lieu de prendre le cavalier jouaient leur roi, les noirs gagneraient plus promptement :

10.	C h 5 — g 3 +
11. **B** f 1 — g 1	F f 8 — c 5 +
12. **P** d 2 — d 4	F c 5 — d 4 : +
13. **D** d 1 — d 4 :	C g 3 — e 2 +
Perdu.	

(*b*) **D** d 1 — e 1 eût été meilleur.

BLANC.	NOIR.
11. B f 1 — f 2	P f 4 — g 3 : †
12. B f 2 — g 3 :	F f 8 — e 7 (a)
13. F c 1 — d 2	D h 1 — h 4 †
14. B g 3 — f 4	F e 7 — g 5 †
15. B f 4 — e 4	P d 7 — d 6
16. C e 5 — d 3	T h 8 — f 8

Dans cette position les noirs ont très-beau jeu.

Quatrième début.

BLANC.	NOIR.
1. P e 2 — e 4	P e 7 — e 5
2. P f 2 — f 4	P e 5 — f 4 :
3. C g 1 — f 3	P g 7 — g 5
4. F f 1 — c 4	P g 5 — g 4
5. C f 3 — e 5	D d 8 — h 4 †
6. B e 1 — f 1	C g 8 — f 6
7. D d 1 — e 1 (b)	D h 4 — e 1 : † (c)

(a) Si les noirs avaient joué D h 1 — c 1 : les blancs en jouant C e 5 — c 6 † auraient gagné la partie.

(b) C'est le coup juste de défense.

(c) Si les noirs avaient poussé P g 4 — g 3. au lieu de prendre la dame, vous auriez dû jouer F c 4 — f 7 : † et le coup suivant C e 5 — f 3.

BLANC.	NOIR.
8. **B** f 1 — e 1 :	C f 6 — e 4 : (*a*)
9. **F** c 4 — f 7 : †	R e 8 — e 7 (*b*)
10. **F** f 7 — b 3 (*c*)	C e 4 — f 6 (*d*)
11. **P** d 2 — d 4	P d 7 — d 6
12. **C** e 5 — d 3	P f 4 — f 3
13. **P** g 2 — f 3 :	P g 4 — f 3 :
14. **B** e 1 — f 2	F c 8 — g 4
15. **F** c 1 — g 5	C b 8 — d 7
16. **C** b 1 — d 2	

Les blancs ont l'avantage, ils vont regagner leur pion,
et leurs pièces sont mieux disposées

Cinquième début.

BLANC.	NOIR.
1. **P** e 2 — e 4	P e 7 — e 5

(*a*) Si les noirs avaient poussé P d 7 — d 6, il aurait fallu jouer
C e 5 — f 7 : ils auraient joué P d 6 — d 5, vous auriez perdu la pièce, il
est vrai, mais vous auriez eu deux pions et l'échange, ce qui est au moins
aussi avantageux.

(*b*) Ce coup est meilleur que R e 8 — d 8 ; car si les noirs avaient joué
R e 8 — d 8, les blancs auraient retiré leur fou pour donner un double
échec le coup suivant, et les noirs auraient ainsi perdu un temps.

(*c*) Dans cette position vous devez gagner un pion ou l'échange.

(*d*) S'ils avaient poussé P d 7 — d 6 vous auriez dû jouer **C** e 5 — f 7
en attaquant la tour, et prendre ensuite le pion **C** f 7 — d 6 : laissant la
tour de l'adversaire en prise par votre fou.

BLANC.	NOIR.
2. P f 2 — f 4	P e 5 — f 4 :
3. C g 1 — f 3	P g 7 — g 5
4. F f 1 — c 4	P g 5 — g 4
5. C f 3 — e 5	D d 8 — h 4 †
6. R e 1 — f 1	C g 8 — f 6
7. F c 4 — f 7 : †	R e 8 — e 7
8. F f 7 — b 3	P d 7 — d 6
9. C e 5 — d 3	C f 6 — h 5
10. D d 1 — e 1	P g 4 — g 3
11. R f 1 — g 1	F f 8 — g 7
12. P c 2 — c 3	D h 4 — g 5
13. F b 3 — d 1	F c 8 — g 4
14. F d 1 — g 4 :	D g 5 — g 4 :
15. P h 2 — h 3	D g 4 — g 6
16. D e 1 — e 2	C b 8 — d 7
17. C d 3 — e 1	

Les noirs ont une meilleure position.

Sixième début.

BLANC.	NOIR.
1. P e 2 — e 4	P e 7 — e 5
2. P f 2 — f 4	P e 5 — f 4 :
3. C g 1 — f 3	P g 7 — g 5
4. F f 1 — c 4	P g 5 — g 4

BLANC.	NOIR.
5. F c 4 — f 7 : † (*a*)	R e 8 — f 7 :
6. C f 3 — e 5 †	R f 7 — e 8 (*b*)
7. D d 1 — g 4 :	D d 8 — f 6
8. D g 4 — h 5 †	R e 8 — e 7
9. C e 5 — f 7	D f 6 — f 7 :
10. D h 5 — e 5 †	D f 7 — e 6
11. D e 5 — h 8 :	C g 8 — f 6
12. R roque g 1	P d 7 — d 6
13. T f 1 — f 4 :	C b 8 — d 7
14. C b 1 — c 3	P c 7 — c 6
15. P d 2 — d 4	D e 6 — f 7
16. P e 4 — e 5	P d 6 — e 5 :
17. P d 4 — e 5 :	F f 8 — g 7 (*c*)
18. P e 5 — f 6 : †	C d 7 — f 6 :
19. T f 4 — f 6 :	F g 7 — f 6 :
20. F c 1 — g 5	F f 6 — g 5 :
21. D h 8 — e 5 †	

Les blancs ont le meilleur jeu.

Septième début.

BLANC.	NOIR.
1. P e 2 — e 4	P e 7 — e 5

(*a*) Ce sacrifice ne mène qu'à une attaque sans consistance, et n'est pas très-bien joué.

(*b*) Il eût été très-dangereux de jouer R f 7 — e 6.

(*c*) Les noirs, en voulant prendre la dame, compromettent leur partie, C d 7 — e 5 : eût été meilleur.

BLANC.	NOIR.
2. P f 2 — f 4	P e 5 — f 4 :
3. C g 1 — f 3	P g 7 — g 5
4. F f 1 — c 4	P g 5 — g 4
5. C f 3 — e 5	D d 8 — h 4 †
6. R e 1 — f 1	C g 8 — h 6
7. P d 2 — d 4	P d 7 — d 6
8. C e 5 — d 3	P f 4 — f 3
9. P g 2 — g 3	D h 4 — e 7
10. R f 1 — f 2 (a)	F f 8 — g 7
11. P c 2 — c 3	C b 8 — c 6
12. F c 1 — f 4	F c 8 — d 7
13. D d 1 — d 2	C h 6 — g 8
14. T h 1 — e 1	C c 6 — a 5
15. C b 1 — a 3	C a 5 — c 4 :
16. C a 3 — c 4 :	R roque c 8
17. P a 2 — a 4	P h 7 — h 5
18. P b 2 — b 4	P h 5 — h 4
19. T e 1 — h 1	C g 8 — f 6

Dans cette position les noirs ont évidemment meilleur jeu.

Première variante au 10e coup.

BLANC.	NOIR.
10. C b 1 — c 3	P c 7 — c 6

(a) Ici l'attaque est mal suivie. (*Voyez* la variante qui suit.)

BLANC.	NOIR.
11. P h 2 — h 3	P f 7 — f 5 (*a*)
12. F c 1 — h 6 :	F f 8 — h 6 :
13. P e 4 — f 5 :	F c 8 — f 5 :
14. P h 3 — g 4 :	F f 5 — d 3 : †
15. D d 1 — d 3 :	Perdu.

Deuxième variante au 7ᵉ coup.

BLANC.	NOIR.
7. P d 2 — d 4	P f 4 — f 3
8. P g 2 — g 3	D h 4 — h 3 †
9. B f 1 — f 2	D h 3 — g 2 †
10. B f 2 — e 3	P d 7 — d 6
11. F c 4 — f 1	C h 6 — f 5 †
12. P e 4 — f 5 :	F f 8 — h 6 †
13. B e 3 — e 4	P d 6 — d 5 †
14. B e 4 — d 5 :	P c 7 — c 6 †
15. B d 5 — e 4	D g 2 — h 1 :
16. F c 1 — h 6 :	D h 1 — h 2 :
17. C e 5 — g 4 :	D h 2 — g 3 :
18. D d 1 — f 3 :	D g 3 — f 3 : †
19. B e 4 — f 3 :	F c 8 — f 5 :
20. P c 2 — c 3	

Les blancs ont l'avantage, ils ont deux pièces contre une tour et un pion.

(*a*) Les noirs devaient jouer au lieu de ce coup P g 4 — h 3 : mais ils au‑
raient perdu le pion qu'ils ont de plus.

Huitième début.

BLANC.	NOIR.
1. P e 2 — e 4	P e 7 — e 5
2. P f 2 — f 4	P e 5 — f 4 :
3. C g 1 — f 3	P g 7 — g 5
4. F f 1 — c 4	P g 5 — g 4
5. C f 3 — e 5	C g 8 — h 6
6. P d 2 — d 4	P d 7 — d 6
7. C e 5 — d 3	P f 4 — f 3
8. P g 2 — g 3	C h 6 — g 8
9. P h 2 — h 3	P h 7 — h 5
10. P h 3 — g 4 :	F c 8 — g 4 :
11. B e 1 — f 2	P h 5 — h 4
12. F c 1 — f 4	F f 8 — e 7
13. C b 1 — d 2	P h 4 — g 3 : †
14. F f 4 — g 3 :	

La partie est à peu près égale, les blancs reprendront
le pion du gambit ; mais leur roi est découvert et **exposé**
aux attaques des noirs.

Neuvième début.

BLANC.	NOIR.
1. P e 2 — e 4	P e 7 — e 5
2. P f 2 — f 4	P e 5 — f 4 :

BLANC.	NOIR.
3. C g 1 — f 3	P g 7 — g 5
4. F f 1 — c 4	P g 5 — g 4
5. C f 3 — e 5	D d 8 — h 4 †
6. R e 1 — f 1	P f 4 — f 3 (*b*)
7. C e 5 — f 7 : (*a*)	C g 8 — f 6
8. C f 7 — h 8 :	C f 6 — e 4 :
9. D d 1 — e 1	P f 3 — g 2 : †
11. R f 1 — g 2 :	D h 4 — h 3 †
11. R g 2 — g 1	F f 8 — c 5 †
Perdu.	

Première variante au 8ᵉ coup.

BLANC.	NOIR.
8. P g 2 — f 3 :	P d 7 — d 5
9. C f 7 — h 8 :	P g 4 — f 3 :
10. D d 1 — f 3 :	F c 8 — h 3 †
11. R f 1 — g 1	F f 8 — c 5 †
12. P d 2 — d 4	F c 5 — d 4 : †
13. F c 1 — e 3	D h 4 — e 1 †
14. F c 4 — f 1	F d 4 — e 3 : †
Perdu.	

(*a*) Ce coup est mal joué, et fait perdre les blancs.

(*b*) Ce coup, dont l'invention est due à **M. Cochrane**, est fort bon, il donne l'attaque à celui à qui on donne le gambit.

Deuxième variante au 7e coup.

BLANC.	NOIR.
7. **D** d 1 — e 1	P f 3 — g 2 : †
8. **R** f 1 — g 2 :	D h 4 — h 3 †
9. **R** g 2 — f 2	F f 8 — g 7
10. **P** d 2 — d 4 (*a*)	P d 7 — d 6
11. **F** c 4 — f 7 : †	R e 8 — e 7
12. **F** f 7 — g 8 : (*b*)	T h 8 — g 8 :
13. **C** e 5 — c 4	D h 3 — f 3 †
14. **R** f 2 — g 1	F g 7 — d 4 : †
15. **F** c 1 — e 3	P g 4 — g 3
16. **P** h 2 — h 3	P g 3 — g 2
17. **T** h 1 — h 2	F c 8 — h 3 :

Les noirs doivent gagner dans cette position. Si les blancs jouent **D** e 1 — h 4 † ils joueront R e 7 — e 8, puis après D f 4 — f 1 † ; s'ils jouent **C** b 1 — d 2, ils sont mat en deux coups.

Troisième variante.

BLANC.	NOIR.
7. **P** g 2 — g 3	D h 4 — h 3 †

(*a*) Si vous aviez retiré le cavalier, vous auriez perdu en peu de coups.

(*b*) Si vous aviez donné échec avec le fou de votre dame, les noirs en interposant le fou de leur roi auraient gagné une pièce.

BLANC.	NOIR.
8. B f 1 — f 2	C g 8 — f 6
9. C b 1 — c 3	D h 3 — g 2 †
10. B f 2 — e 3	F f 8 — h 6 †
11. B e 3 — d 3	C b 8 — c 6
12. C e 5 — c 6 : (a)	P d 7 — c 6 :
13. D d 1 — f 1	P b 7 — b 5
14. F c 4 — b 3	P b 5 — b 4
15. C c 3 — a 4	F c 8 — a 6 †
16. F b 3 — c 4	R roque c 8 †
Mat.	

Troisième variante.

BLANC.	NOIR.
7. P g 2 — f 3 :	C g 8 — f 6
8. C e 5 — g 4 : (b)	C f 6 — g 4 :
9. P f 3 — g 4 :	P d 7 — d 5
10. P e 4 — d 5 (c) :	D h 4 — h 3 †

(a) Les blancs auraient mal joué en prenant, soit avec leur cavalier, soit avec leur fou le pion f 7 ; ils n'ont que deux petites pièces pour inquiéter la gauche de leur adversaire, tandis que celui-ci a une forte attaque soutenue par sa dame.

(b) Si les blancs prenaient le pion du fou du roi adverse, soit avec le fou, soit avec le cavalier, ils perdraient en peu de coups.

(c) Les blancs pourraient prendre avec le fou, mais les noirs en jouant F c 8 — g 4 : auraient toujours une bonne partie.

	BLANC.	NOIR.
11.	🨂 f 1 — f 2 (*a*)	F f 8 — e 7
12.	🨃 d 1 — f 3	F e 7 — c 5 †
13.	🨄 d 2 — d 4	F c 5 — d 4 : †
14.	🨅 c 1 — e 3	D h 3 — f 3 : †
15.	🨂 f 2 — f 3 :	F d 4 — b 2 :
		Très-beau jeu.

Quatrième variante.

	BLANC.	NOIR.
7.	🨄 g 2 — f 3 :	C g 8 — f 6
8.	🨃 d 1 — e 2 (*b*)	P d 7 — d 6
9.	🨅 e 5 — g 4 :	C f 6 — g 4 :
10.	🨄 f 3 — g 4 :	F c 8 — g 4 :
11.	🨃 e 2 — f 2	F g 4 — h 3 †
12.	🨂 f 1 — e 1	D h 4 — e 4 : †
13.	🨃 f 2 — e 2	D e 4 — e 2 : †
14.	🨂 e 1 — e 2 :	C b 8 — c 6

Les noirs ont un pion de plus et une assez bonne position.

(*a*) Si vous aviez joué 🨂 f 1 — e 1 , les noirs en prenant avec leur fou le pion g 4 , auraient gagné la dame ou donné l'échec et mat en trois coups.

(*b*) C'est préférable à 🨃 d 1 — e 1 .

Dixième début.

BLANC.	NOIR.
1. P e 2 — e 4	P e 7 — e 5
2. P f 2 — f 4	P e 5 — f 4 :
3. C g 1 — f 3	P g 7 — g 5
4. F f 1 — c 4	P g 5 — g 4
5. R roque g 1	P g 4 — f 3 :
6. D d 1 — f 3 : (*a*)	D d 8 — e 7 (*b*)
7. P d 2 — d 4	C b 8 — c 6
8. D f 3 — f 4 : (*c*)	C c 6 — d 4 :
9. F c 4 — f 7 : †	R e 8 — d 8
10. D f 4 — f 2	F f 8 — g 7
11. C b 1 — c 3	P c 7 — c 6

(*a*) La perte de ce cavalier donne une attaque très-forte à celui qui donne le gambit, ainsi qu'on pourra le voir dans les variantes qui suivent. L'anonyme de Modène pense même que la défense est impossible; mais d'abord la manière de roquer adoptée par les Italiens, fait gagner un temps à celui qui a l'attaque en lui permettant de placer son roi, en roquant hors de tout échec. Malgré cette assertion de l'anonyme, et même avec les règles italiennes; je pense que la partie des noirs est susceptible de défense.

(*b*) La dame D d 8 — f 6 est préférable.

(*c*) Si les blancs avaient joué P c 2 — c 3, les noirs auraient pu jouer C c 6 — e 5 P d 4 — e 5 : D e 7 — c 5 † prenant le fou du roi adverse, ce qui eût contribué à détruire l'attaque.

	BLANC.	NOIR.
12.	F c 1 — e 3	C d 4 — e 6 (*a*)
13.	F f 7 — e 6 :	D e 7 — e 6 :
14.	F e 3 — d 4	D e 6 — h 6
15.	P e 4 — e 5	C g 8 — e 7
16.	C c 3 — e 4	T h 8 — f 8
17.	F d 4 — b 6 †	R d 8 — e 8 (*b*)
18.	C e 4 — d 6 †	D h 6 — d 6 :
19.	P e 5 — d 6 :	T f 8 — f 2 :
20.	F b 6 — f 2 :	

Les blancs ont le meilleur jeu.

Première variante.

	BLANC.	NOIR.
6.	D d 1 — f 3 :	D d 8 — f 6 (*c*)
7.	P c 2 — c 3	F f 8 — h 6
8.	P d 2 — d 4	C b 8 — c 6

(*a*) Si les noirs avaient joué D e 7 — c 5, les blancs en jouant T a 1 — d 1 auraient gagné la pièce ; si les noirs avaient joué C d 4 — b 5, les blancs auraient gagné en jouant ainsi C c 3 — b 5 : P c 6 — b 5 : F e 3 — b 6 † et le coup suivant échec et mat.

(*b*) Si les noirs prenaient ce fou ils seraient obligés, le coup suivant, de donner la dame pour le cavalier des blancs.

(*c*) Ce coup est meilleur que D d 8 — e 7, il empêche les blancs de jouer P d 2 — d 4 et défend le pion du gambit.

BLANC.	NOIR.
9. P e 4 — e 5	D f 6 — g 7
10. F c 1 — f 4 :	F h 6 — f 4 :
11. D f 3 — f 4 :	C g 8 — h 6
12. C b 1 — d 2	C c 6 — e 7
13. C d 2 — e 4	C e 7 — g 6·
14. D f 4 — g 5	P d 7 — d 6 (a)
15. C e 4 — f 6 †	R e 8 — d 8 (b)
16. C f 6 — h 5 †	P f 7 — f 6
17. P e 5 — f 6 :	D g 7 — f 8
18. P f 6 — f 7 †	C g 6 — e 7
19. D g 5 — f 6	C h 6 — g 4
20. D f 6 — h 8 :	D f 8 — h 8 :
21. P f 7 — f 8 prend D et †	

Les blancs ont l'avantage.

Deuxième variante.

BLANC.	NOIR.
6. D d 1 — f 3 :	D d 8 — f 6
7. P d 2 — d 3	F f 8 — h 6
8. F c 1 — d 2	C ♭ 8 — c 6

(a) Si les noirs avaient roqué, les blancs auraient gagné de suite en jouant C e 4 — f 6 + puis C f 6 — h 5.

(b) Si les noirs jouent R e 8 — f 8, les blancs gagnent encore en jouant C f 6 — h 5.

BLANC.	NOIR.
9. **F** d 2 — c 3	C c 6 — e 5
10. **F** c 3 — e 5 : (*a*)	D f 6 — e 5 :
11. **C** b 1 — c 3	C g 8 — e 7
12. **C** c 3 — b 5	D e 5 — c 5 ✝
13. **R** g 1 — h 1	P a 7 — a 6
14. **C** b 5 — c 3	P d 7 — d 6

L'attaque des blancs a cessé, et les noirs restent avec une pièce de plus.

Troisième variante.

BLANC.	NOIR.
6. **D** d 1 — f 3 :	D d 8 — f 6
7. **P** e 4 — e 5	D f 6 — e 5 : (*b*)
8. **P** b 2 — b 3 (*c*)	D e 5 — a 1 :

(*a*) Au lieu de ce coup les blancs auraient pu jouer ainsi : **D** f 3 — h 5 P d 7 — d 6 **F** c 3 — e 5 : P d 6 — e 5 : **F** c 4 — f 7 : ✝ D f 6 — f 7 : **D** h 5 — e 5 : ✝ R e 8 — d 8 **D** e 5 — h 8 : F h 6 — g 7 **D** h 8 — h 7 : F g 7 — d 4 ✝ et la dame est perdue.

(*b*) Si les noirs ne prenaient pas le pion, les blancs en jouant **P** d 2 — d 4 auraient très-beau jeu.

(*c*) Ce nouveau sacrifice est un peu aventuré, il enferme la dame, il est vrai, pendant quelques coups, et par conséquent enlève un puissant moyen de défense.

BLANC.	NOIR.
9. **C** b 1 — c 3	F f 8 — c 5 †
10. **B** g 1 — h 1	C g 8 — e 7
11. **P** d 2 — d 4	F c 5 — d 4 :
12. **D** f 3 — f 4 :	D a 1 — c 1 : (*a*)
13. **D** f 4 — d 4 : (*b*)	D c 1 — f 1 : †
14. **F** c 4 — f 1 :	T h 8 — f 8

La position des noirs est un peu gênée, mais ils ont deux tours et un cavalier pour la dame.

Quatrième variante.

BLANC.	NOIR.
6. **D** d 1 — f 3 :	D d 8 — f 6
7. **P** e 4 — e 5	D f 6 — e 5 :
8. **P** b 2 — b 3	C b 8 — c 6 (*c*)

(*a*) Si les noirs avaient joué D a 1 — c 3 : les blancs auraient donné l'échec et mat ainsi : **D** f 4 — f 7 : † R e 8 — d 8 **D** f 7 — f 8 † T h 8 — f 8 : **T** f 1 — f 8 : † mat.

(*b*) Si les blancs avaient, au lieu de ce coup, pris de suite la dame, les noirs auraient joué F d 4 — c 3 : et auraient eu quatre pièces pour la dame.

(*c*) Les blancs pourraient enfermer la dame pendant quelques coups, en jouant **F** c 1 — b 2 D e 5 — b 2 : **D** f 3 — e 4 † C g 8 — e 7 **C** b 1 — c 3.

BLANC.	NOIR.
9. **C** b 1 — c 3	C c 6 — d 4 (*a*)
10. **D** f 3 — f 2	C d 4 — c 2 :
11. **R** g 1 — h 1	F f 8 — c 5
12. **P** d 2 — d 4	F c 5 — d 4 :
13. **D** f 2 — c 2 :	F d 4 — c 3 :
14. **F** c 1 — f 4 :	D e 5 — g 7
15. **D** c 2 — e 4 †	C g 8 — e 7
16. **T** a 1 — c 1	F c 3 — f 6
17. **F** f 4 — c 7 :	

Les blancs, quoique avec la pièce de moins, ont beau jeu.

Cinquième variante.

BLANC.	NOIR.
6. **D** d 1 — f 3 :	D d 8 — f 6
7. **P** e 4 — e 5	D f 6 — b 6 † (*b*)
8. **R** g 1 — h 1	F f 8 — h 6
9. **C** b 1 — c 3	D b 6 — c 5 (*c*)

(*a*) Ce coup n'est pas bon.

(*b*) L'échec de la dame n'est pas bien joué, il eût mieux valu prendre le pion.

(*c*) S'ils avaient joué P c 7 — c 6, vous auriez dû jouer **C** c 3 — c 4, et vous auriez eu une belle partie.

BLANC.	NOIR.
10. **P** d 2 — d 3	D c 5 — e 5 :
11. **C** c 3 — d 5	C g 8 — e 7
12. **F** c 1 — f 4 :	F h 6 — f 4 :
13. **T** a 1 — e 1	Perdu.

Sixième variante.

BLANC.	NOIR.
6. **D** d 1 — f 3 :	D d 8 — f 6
7. **P** e 4 — e 5	D f 6 — f 5
8. **P** d 2 — d 4	F f 8 — h 6
9. **C** b 1 — c 3	C g 8 — e 7
10. **C** c 3 — e 4	R roque g 8 (*a*)
11. **C** e 4 — f 6 †	R g 8 — h 8
12. **F** c 4 — d 3	D f 5 — e 6
13. **D** f 3 — h 5	C e 7 — g 8
14. **F** c 1 — f 4 :	Perdu.

Septième variante.

BLANC.	NOIR.
6. **D** d 1 — f 3 :	D d 8 — f 6

(*a*) S'ils retirent leur fou pour empêcher l'échec de votre cavalier, vous prenez le pion du gambit et vous avez beau jeu; cela eût cependant mieux valu que de roquer dans cette position.

BLANC.	NOIR.
7. P e 4 — e 5	D f 6 — e 5 :
8. P d 2 — d 3	F f 8 — c 5 † (a)
9. R g 1 — h 1	F c 5 — e 3
10. F c 1 — e 3 :	D e 5 — e 3 :
11. D f 3 — h 5	D e 3 — e 7
12. C b 1 — c 3	C g 8 — f 6
13. D h 5 — h 6	P d 7 — d 6
14. D h 6 — f 4 :	C f 6 — g 4
15. C c 3 — d 5	D e 7 — d 7
16. T a 1 — e 1 †	R e 8 — d 8
17. T e 1 — e 7	Perdu.

Huitième variante.

BLANC.	NOIR.
6. D d 1 — f 3 :	D d 8 — f 6
7. P e 4 — e 5	D f 6 — e 5 :
8. P d 2 — d 3	F f 8 — h 6
9. F c 1 — d 2	C g 8 — e 7
10. F d 2 — c 3	D e 5 — c 5 †
11. R g 1 — h 1	T h 8 — g 8
12. C b 1 — d 2	P d 7 — d 5
13. D f 3 — h 5	D c 5 — d 6
14. F c 4 — b 3	F c 8 — g 4

(a) L'échec du fou n'est pas bon, il eût beaucoup mieux valu jouer F f 8 — h 6.

BLANC.	NOIR.
15. D h 5 — h 4	C b 8 — c 6
16. T a 1 — e 1	R roque c 8

Les noirs ont beau jeu.

Neuvième variante.

BLANC.	NOIR.
6. D d 1 — f 3 :	D d 8 — f 6
7. P e 4 — e 5	D f 6 — e 5 :
8. P d 2 — d 3	F f 8 — h 6
9. F c 1 — d 2	C g 8 — e 7
10. C b 1 — c 3	P c 7 — c 6
11. C c 3 — e 4	P d 7 — d 5
12. F d 2 — c 3	P d 5 — e 4 :
13. F c 3 — e 5 :	P e 4 — f 3 :
14. F e 5 — h 8 :	P f 3 — g 2 :
15. R g 1 — g 2 :	F c 8 — e 6

Dans cette position les noirs ont toujours la pièce de plus, ils doivent gagner.

Onzième début.

BLANC.	NOIR.
1. P e 2 — e 4	P e 7 — e 5
2. P f 2 — f 4	P e 5 — f 4 :

	BLANC.		NOIR.
3.	C g 1 — f 3	P g 7 — g 5
4.	P h 2 — h 4	P g 5 — g 4
5.	C f 3 — e 5	P h 7 — h 5
6.	F f 1 — c 4	T h 8 — h 7
7.	P d 2 — d 4	P d 7 — d 6
8.	C e 5 — d 3	D d 8 — e 7
9.	C b 1 — c 3	C g 8 — f 6
10.	D d 1 — e 2	P f 4 — f 3
11.	P g 2 — f 3 :	P g 4 — f 3 :
12.	D e 2 — f 3 :	F c 8 — g 4
13.	D f 3 — e 3	F f 8 — h 6
14.	C d 3 — f 4	P c 7 — c 6
15.	P e 4 — e 5	F h 6 — f 4 :
16.	D e 3 — f 4 :	C b 8 — d 7
17.	R e 1 — f 2	P d 6 — e 5 :
18.	P d 4 — e 5 :	C d 7 — e 5 :
19.	T h 1 — c 1	C f 6 — d 7

Le coup suivant les noirs pourront roquer, et ils auront le meilleur jeu.

Douzième début.

	BLANC.		NOIR.
1.	P e 2 — e 4	P e 7 — e 5
2.	P f 2 — f 4	P e 5 — f 4 :
3.	C g 1 — f 3	P g 7 — g 5
4.	F f 1 — c 4	P d 7 — d 6

BLANC.	NOIR.
5. P h 2 — h 4	P g 5 — g 4
6. C f 3 — g 5	C g 8 — h 6
7. P d 2 — d 4	P f 7 — f 6 (*a*)
8. F c 1 — f 4 :	P f 6 — g 5 :
9. F f 4 — g 5 : (*b*)	D d 8 — d 7 (*c*)
10. R roque g 1	P c 7 — c 6
11. D d 1 — d 2	P d 6 — d 5
12. P e 4 — d 5 :	P c 6 — d 5 :
13. C b 1 — c 3	C b 8 — c 6 (*d*)
14. T a 1 — e 1 †	C c 6 — e 7
15. F c 4 — b 5	Perdu.

Treizième début.

BLANC.	NOIR.
1. P e 2 — e 4	P e 7 — e 5
2. P f 2 — f 4	P e 5 — f 4 :
3. C g 1 — f 3	P g 7 — g 5

(*a*) Ce coup vous donne beau jeu, souvent le désir de gagner une pièce fait perdre la partie. S'ils avaient joué au lieu de ce coup D d 8 — f 6, vous auriez dû roquer, et vous auriez eu beau jeu.

(*b*) Vous auriez pu prendre avec le pion, et votre attaque eût été également très-forte.

(*c*) Au lieu de ce coup les noirs auraient mieux fait de perdre à leur tour la pièce et de jouer F f 8 — e 7 puis F c 7 — h 4 : †

(*d*) Si les noirs avaient pris le fou, les blancs auraient toujours gagné en jouant T a 1 — e 1 †.

BLANC.	NOIR.
4. P h 2 — h 4	P g 5 — g 4
5. C f 3 — g 5	P f 7 — f 6 (a)
6. D d 1 — g 4 :	P f 6 — g 5 :
7. D g 4 — h 5 †	R e 8 — e 7
8. D h 5 — g 5 : †	R e 7 — e 8
9. D g 5 — h 5 †	R e 8 — e 7
10. D h 5 — e 5 †	R e 7 — f 7
11. F f 1 — c 4 †	P d 7 — d 5
12. F c 4 — d 5 : †	R f 7 — g 6
13. P h 4 — h 5 †	R g 6 — h 6
14. D e 5 — f 4 : †	D d 8 — g 5
15. D f 4 — f 8 : †	D g 5 — g 7
16. P d 2 — d 3 †	Mat.

Quatorzième début.

BLANC.	NOIR.
1. P e 2 — e 4	P e 7 — e 5
2. P f 2 — f 4	P e 5 — f 4 :
3. C g 1 — f 3	P g 7 — g 5
4. P h 2 — h 4	P g 5 — g 4
5. C f 3 — g 5	P h 7 — h 5
6. F f 1 — c 4	C g 8 — h 6
7. P d 2 — d 4	P f 7 — f 6

(a) Il valait beaucoup mieux jouer P h 7 — h 6.

BLANC.	NOIR.
8. F c 1 — f 4 : (a)	P f 6 — g 5 :
9. P h 4 — g 5 :	C h 6 — f 7 (b)
10. P g 5 — g 6	C f 7 — d 6
11. F f 4 — d 6 :	P c 7 — d 6 : (c)
12. F c 4 — f 7 †	R e 8 — e 7
13. C b 1 — c 3	D d 8 — a 5
14. D d 1 — d 2	R e 7 — d 8
15. D d 2 — f 2	F f 8 — g 7
16. D f 2 — h 4 †	R d 8 — c 7
17. R roque c 1	C b 8 — c 6
18. C c 3 — d 5 †	R c 7 — b 8
19. D h 4 — g 3	

Dans cette position, les blancs, quoique avec une pièce de moins, ont beau jeu; ils ont deux pions de plus, toutes leurs pièces sont en jeu, et les noirs en ont deux enfermées.

(a) Le sacrifice du cavalier, dans cette position, donne une attaque très-forte.

(b) S'ils avaient retiré le cavalier à sa case, il eût fallu avancer le pion g 5 — g 6.

(c) Si les noirs avaient pris avec le fou, les blancs auraient dû jouer P g 6 — g 7, gagnant la tour.

Variante au 10ᵉ coup.

BLANC.	NOIR.
10. P g 5 — g 6	C f 7 — g 5 (*a*)
11. D d 1 — d 2	C g 5 — e 6 (*b*)
12. P d 4 — d 5	C e 6 — f 4 :
13. D d 2 — f 4 :	D d 8 — e 7
14. P d 5 — d 6	P c 7 — d 6 :
15. F c 4 — f 7 †	R e 8 — d 8
16. C b 1 — c 3	

Les noirs, quoique dans une position gênée, peuvent défendre la partie, ils ont une pièce de plus.

Quinzième début.

BLANC.	NOIR.
1. P e 2 — e 4	P e 7 — e 5
2. P f 2 — f 4	P e 5 — f 4 :

(*a*) Si les noirs jouaient C f 7 — h 6, les blancs en jouant F f 4 — e 5 gagneraient la tour.

(*b*) Si les noirs, au lieu de ce coup jouaient C g 5 — e 4 : les blancs gagneraient promptement :

F c 4 — f 7 +	R e 8 — e 7
F f 4 — g 5 +	C e 4 — f 6
D d 2 — e 3 +	R e 7 — d 6
D e 3 — e 5 +	Perdu.

BLANC.	NOIR.
3. C g 1 — f 3	P g 7 — g 5
4. P h 2 — h 4	P g 5 — g 4
5. C f 3 — g 5	P h 7 — h 6 (*a*)
6. C g 5 — f 7 :	R e 8 — f 7 :
7. D d 1 — g 4 :	C g 8 — f 6
8. D g 4 — f 4 :	P d 7 — d 6
9. P d 2 — d 4	D d 8 — e 7
10. P e 4 — e 5	P d 6 — e 5 :
11. P d 4 — e 5 :	F f 8 — g 7
12. F f 1 — e 2	T h 8 — e 8
13. F e 2 — h 5 †	R f 7 — g 8
14 F h 5 — e 8 :	C f 6 — e 8 :
15. R roque g 1	

La position des deux jeux est à peu près égale, les noirs ont la pièce de plus; mais les blancs ont un pion de plus et l'échange de la tour contre un cavalier.

Variante au 7ᵉ coup.

BLANC.	NOIR.
7. D d 1 — g 4 :	D d 8 — f 6 (*b*)

(*a*) C'est le meilleur coup de défense, l'attaque que le sacrifice de cette pièce donne aux blancs n'est pas assez forte pour compenser la perte qu'ils font.

(*b*) C'est le meilleur coup de défense.

BLANC.	NOIR.
8. F f 1 — c 4 †	R f 7 — e 7
9. C b 1 — c 3 (a)	P c 7 — c 6
10. P d 2 — d 3	P h 6 — h 5
11. D g 4 — f 3	P d 7 — d 6
12. F c 1 — f 4 :	F c 8 — g 4
13. D f 3 — e 3	F f 8 — h 6

Les blancs ont l'avantage de la position , mais les noirs ont toujours la pièce de plus et doivent gagner.

Seizième début.

BLANC.	NOIR.
1. P e 2 — e 4	P e 7 — e 5
2. P f 2 — f 4	P e 5 — f 4 :
3. C g 1 — f 3	P g 7 — g 5
4. P h 2 — h 4	P g 5 — g 4
5. C f 3 — g 5	P h 7 — h 6
6. C g 5 — f 7 :	R e 8 — f 7 :
7. D d 1 — g 4 :	D d 8 — f 6
8. P d 2 — d 4	D f 6 — d 4 :
9. D g 4 — f 4 : †	D d 4 — f 6
10. D f 4 — g 4	D f 6 — g 6

(a) Vous feriez une faute en prenant le cavalier du roi adverse avec votre fou ; car les noirs en jouant P h 6 — h 5 reprendraient la pièce, et auraient détruit votre attaque

BLANC.	NOIR.
11. **F** f 1 — c 4 †	R f 7 — g 7
12. **D** g 4 — f 3	D g 6 — f 6
13. **D** f 3 — g 3 †	D f 6 — g 6
14. **D** g 3 — c 3 †	D g 6 — f 6
15. **P** e 4 — e 5	D f 6 — b 6
16. **P** e 5 — e 6 †	C g 8 — f 6
17. **D** c 3 — g 3 †	Perdu.

Première variante au 8ᵉ coup.

BLANC.	NOIR.
8. **P** d 2 — d 4	C g 8 — e 7
9. **P** e 4 — e 5	D f 6 — f 5
10. **F** f 1 — c 4 †	R f 7 — e 8
11. **D** g 4 — f 3	D f 5 — c 2 :
12. **C** b 1 — c 3	D c 2 — f 5
13. **F** c 1 — f 4 :	C b 8 — c 6
14. **R** roque g 1	P d 7 — d 6
15. **C** c 3 — b 5	R e 8 — d 8
16. **P** e 5 — d 6 :	P c 7 — d 6 :
17. **C** b 5 — d 6 :	Perdu.

Deuxième variante au 9ᵉ coup.

BLANC.	NOIR.
9. **D** g 4 — f 4 : †	C g 8 — f 6
10. **C** b 1 — c 3	F f 8 — b 4

BLANC.	NOIR.
11. F f 1 — d 3	P d 7 — d 6 (*a*)
12. F c 1 — d 2	F c 8 — e 6
13. T h 1 — f 1	C b 8 — d 7

Les noirs ont beau jeu.

Dix-septième début.

BLANC.	NOIR.
1. P e 2 — e 4	P e 7 — e 5
2. P f 2 — f 4	P e 5 — f 4 :
3. C g 1 — f 3	P g 7 — g 5
4. F f 1 — c 4	F f 8 — g 7
5. P h 2 — h 4	P g 5 — g 4 (*b*)
6. C f 3 — g 5	C g 8 — h 6
7. P d 2 — d 4	P d 7 — d 6
8. F c 1 — f 4 :	D d 8 — e 7
9. P c 2 — c 3	P f 7 — f 6
10. R roque g 1	P f 6 — g 5 :
11. F f 4 — g 5 :	D e 7 — d 7
12. D d 1 — d 2	C h 6 — g 8
13. D d 2 — f 4	Perdu.

(*a*) Si les noirs avaient pris le cavalier adverse, puis la tour, ils auraient éloigné leur dame et compromis leur partie.

(*b*) Le pion de la tour du roi poussé un pas est préférable à ce coup.

Dix-huitième début.

BLANC.	NOIR.
1. P e 2 — e 4	P e 7 — e 5
2. P f 2 — f 4	P e 5 — f 4 :
3. C g 1 — f 3	P g 7 — g 5
4. P h 2 — h 4	P g 5 — g 4
5. C f 3 — e 5	F f 8 — e 7
6. D d 1 — g 4 : (a)	P d 7 — d 6
7. D g 4 — g 7	P d 6 — e 5 :
8. D g 7 — h 8 :	F e 7 — h 4 : †
9. R e 1 — d 1	F c 8 — g 4 †
10. F f 1 — e 2	F g 4 — e 2 : †
11. R d 1 — e 2 :	D d 8 — g 5
12. T h 1 — h 4 : (b)	D g 5 — g 2 : †
13. R e 2 — d 3 (c)	C b 8 — c 6
14. D h 8 — h 7 :	R roque c 8 †
15. R d 3 — c 3	D g 2 — g 1

(a) Si les blancs avaient joué au lieu de ce coup C e 5 — g 4 : les noirs auraient dû joner ainsi : F e 7 — h 4 : † C g 4 — f 2 P d 7 — d 6 P d 2 — d 4 D d 8 — g 5 , et ils auraient eu le meilleur jeu.

(b) Si les blancs avaient joué T h 1 — g 1 , les noirs auraient dû jouer C b 8 — c 6 , puis roquer, et ils auraient eu le meilleur jeu.

(c) Si le roi blanc avait été retiré à sa case , les noirs auraient dû avancer le pion du gambit.

BLANC.	NOIR.
16. P d 2 — d 3	D g 1 — c 1 :
17. T h 4 — h 1	

Les noirs donnent forcément échec et mat en six coups.

Variante au 5ᵉ coup.

BLANC.	NOIR.
5. C f 3 — e 5	D d 8 — e 7
6. P d 2 — d 4	P d 7 — d 6
7. C e 5 — g 4 :	P f 7 — f 5
8. C g 4 — f 2	P f 5 — e 4 :
9. D d 1 — h 5 †	R e 8 — d 8
10. F c 1 — f 4 :	C g 8 — f 6
11. D h 5 — e 2	P h 7 — h 5
12. P c 2 — c 4	P c 7 — c 6
13. P d 4 — d 5	F f 8 — h 6
14. F f 4 — h 6 :	T h 8 — h 6 :
15. C b 1 — c 3	F c 8 — f 5
16. P g 2 — g 3	T h 6 — g 6
17. T h 1 — g 1	

La position est à peu près égale.

Dix-neuvième début.

	BLANC.	NOIR.
1.	P e 2 — e 4	P e 7 — e 5
2.	P f 2 — f 4	P e 5 — f 4 :
3.	C g 1 — f 3	P g 7 — g 5
4.	F f 1 — c 4	F f 8 — g 7
5.	P d 2 — d 4	P d 7 — d 6
6.	C b 1 — c 3	P c 7 — c 6
7.	P h 2 — h 4	P h 7 — h 6
8.	P h 4 — g 5 :	P h 6 — g 5 :
9.	T h 1 — h 8 :	F g 7 — h 8 :
10.	C f 3 — e 5 (*a*)	P d 6 — e 5 :
11.	D d 1 — h 5	D d 8 — f 6
12.	P d 4 — e 5 :	D f 6 — g 7
13.	P e 5 — e 6	C g 8 — f 6 (*b*)
14.	P e 6 — f 7 : †	R e 8 — f 8
15.	F c 1 — f 4 :	C f 6 — h 5 :
16.	P f 4 — d 6 †	Mat.

Variante au 13e coup.

13.	P e 5 — e 6	F c 8 — e 6 :

(*a*) Ce coup est ingénieux , mais il ne peut être aventuré qu'avec un faible joueur ; car si les noirs jouent bien, ils doivent gagner la pièce.

(*b*) A partir de ce coup les noirs jouent fort mal. (*Voyez* la variante.)

BLANC.	NOIR.
14. F c 4 — e 6 :	C g 8 — f 6
15. F e 6 — f 7 : †	R e 8 — f 8
16. D h 5 — g 6	D g 7 — f 7 :

Les noirs ont la pièce de plus et doivent gagner.

Vingtième début.

BLANC.	NOIR.
1. P e 2 — e 4	P e 7 — e 5
2. P f 2 — f 4	P e 5 — f 4 :
3. C g 1 — f 3	P g 7 — g 5
4. F f 1 — c 4	F f 8 — g 7
5. P h 2 — h 4	P h 7 — h 6
6. P d 2 — d 4	P d 7 — d 6
7. P c 2 — c 3	P c 7 — c 6
8. P h 4 — g 5 :	P h 6 — g 5 :
9. T h 1 — h 8 :	F g 7 — h 8 :
10. C f 3 — h 2	D d 8 — e 7 (a)
11. D d 1 — h 5	F h 8 — g 7
12. R e 1 — f 1	C b 8 — d 7
13. C h 2 — f 3	F g 7 — h 6
14. P e 4 — e 5	P d 6 — d 5
15. F c 4 — d 3	C d 7 — f 8

(*a*) On aurait aussi pu jouer C g 8 — f 6.

BLANC.	NOIR.
16. P g 2 — g 3	C f 8 — e 6
17. P g 3 — f 4 :	P g 5 — f 4 :
18. F d 3 — h 7	C e 6 — g 7
19. D h 5 — h 2	F c 8 — f 5
20. F h 7 — g 8 :	D e 7 — e 6
21. F c 1 — f 4 :	F h 6 — f 4 :
22. D h 2 — f 4 :	R roque c 8
23. F g 8 — f 7 : (a)	D e 6 — f 7
24. B f 8 — e 8	C g 7 — e 6
25. D f 4 — e 3	F f 5 — e 4
26. C b 1 — d 2	T d 8 — h 8

Les noirs ont un pion de moins ; mais ils ont une forte position.

Vingt-unième début.

BLANC.	NOIR.
1. P e 2 — e 4	P e 7 — e 5
2. P f 2 — f 4	P e 5 — f 4 :
3. C g 1 — f 3	P g 7 — g 5
4. F f 1 — c 4	P h 7 — h 6 (b)
5. C f 3 — e 5	T h 8 — h 7
6. P d 2 — d 4	P d 7 — d 6

(a) Les blancs pouvaient , au lieu de ce coup , jouer ainsi : C f 3 — g 5 D e 6 — h 6 F g 8 — f 7 : T d 8 — f 8, les noirs ont beau jeu.

(b) Cette défense n'est pas très-bonne.

BLANC.	NOIR.
7. C e 5 — f 7 :	T h 7 — f 7 :
8. F c 4 — f 7 : †	R e 8 — f 7 :
9. P h 2 — h 4	F f 8 — e 7 (a)
10. P h 4 — g 5 :	P h 6 — g 5 :
11. D d 1 — h 5 †	R f 7 — g 7
12. P g 2 — g 3	P f 4 — g 3 :
13. D h 5 — h 7 †	R g 7 — f 8
14. R roque g 1 †	F e 7 — f 6
15. F c 1 — g 5 :	D d 8 — e 7
16. D h 7 — h 4	R f 8 — f 7
17. C b 1 — c 3	P c 7 — c 6
18. P e 4 — e 5	P d 6 — e 5 :
19. C c 3 — e 4	C b 8 — d 7
20. F g 5 — f 6 :	C d 7 — f 6 :
21. T f 1 — f 6 : †	C g 8 — f 6 :
22. T a 1 — f 1	Perdu.

Vingt-deuxième début.

BLANC.	NOIR.
1. P e 2 — e 4	P c 7 — e 5

(a) Si les noirs avaient joué au lieu de ce coup C g 8 — f 6, vous auriez dû jouer P g 2 — g 3, et votre attaque eût été très-forte, si les noirs avaient joué en place de F f 8 — e 7, D d 8 — f 6 ; il eût fallu d'abord placer votre tour à la case f 1, puis jouer ensuite P g 2 — g 3, et vous auriez eu très-beau jeu.

BLANC.	NOIR.
2. P f 2 — f 4	P e 5 — f 4 :
3. C g 1 — f 3	F f 8 — e 7 (*a*)
4. F f 1 — c 4	F e 7 — h 4 †
5. R e 1 — f 1	P d 7 — d 6
6. P d 2 — d 4	D d 8 — f 6
7. P e 4 — e 5	P d 6 — e 5 :
8. P d 4 — e 5 :	D f 6 — e 7
9. F c 1 — f 4 :	F c 8 — g 4
10. C b 1 — c 3	P c 7 — c 6
11. C c 3 — e 4	

Dans cette position les blancs doivent gagner.

Vingt-troisième début.

BLANC.	NOIR.
1. P e 2 — e 4	P e 7 — e 5
2. P f 2 — f 4	P e 5 — f 4 :
3. C g 1 — f 3	C g 8 — e 7
4. P h 2 — h 4	P h 7 — h 5
5. F f 1 — c 4	C e 7 — g 6
6. C f 3 — g 5	C g 6 — e 5

(*a*) Cette défense du gambit n'est pas très-bonne, elle amène la partie connue sous le nom du gambit de Cunningham. (*Voyez* le troisième chapitre.)

BLANC.	NOIR.
7. F c 4 — b 3	P f 7 — f 6
8. C g 5 — h 3	C e 5 — g 6
9. P d 2 — d 4	C g 6 — h 4 :
10. C h 3 — f 4 :	P g 7 — g 5
11. T h 1 — h 4 :	P g 5 — h 4 :
12. C f 4 — g 6	T h 8 — h 7
13. F b 3 — g 8	T h 7 — g 7
14. D d 1 — h 5 :	Perdu.

Variante au 4ᵉ coup.

BLANC.	NOIR.
4. P d 2 — d 4	C e 7 — g 6
5. F f 1 — c 4	P d 7 — d 6
6. R roque g 1	F c 8 — g 4
7. P h 2 — h 3	F g 4 — h 5
8. P g 2 — g 3	F h 5 — f 3 : (a)
9. D d 1 — f 3 :	D d 8 — g 5
10. R g 1 — h 1	D g 5 — g 3 :
11. D f 3 — g 3 :	P f 4 — g 3 :
12. F c 4 — f 7 : †	R e 8 — d 8

(a) Si les noirs avaient pris le pion, les blancs auraient dû jouer
F c 4 — f 7 : + puis C f 3 — g 5 + et ils auraient eu très-beau jeu.

BLANC.	NOIR.
13. F f 7 — g 6 :	P h 7 — g 6 :
14. B h 1 — g 2	

Les blancs ont le meilleur jeu.

Vingt-quatrième début.

BLANC.	NOIR.
1. P e 2 — e 4	P e 7 — e 5
2. P f 2 — f 4	P e 5 — f 4 :
3. C g 1 — f 3	P h 7 — h 6
4. F f 1 — c 4	P g 7 — g 5
5. P h 2 — h 4	F f 8 — g 7 (*a*)
6. P d 2 — d 4	P d 7 — d 6
7. C b 1 — c 3	P c 7 — c 6
8. P h 4 — g 5 :	P h 6 — g 5 :
9. T h 1 — h 8 :	F g 7 — h 8 :
10. C f 3 — e 5	F h 8 — e 5 : (*b*)
11. D d 1 — h 5	D d 8 — f 6
12. P d 4 — e 5 :	P d 6 — e 5 :

Les noirs ont deux pions de plus et une assez bonne position.

(*a*) Au lieu de ce coup, si les noirs avaiant joué P f 7 — f 6, les blancs auraient gagné en jouant C f 3 — e 5.

(*b*) L'on a vu, dans une autre partie, qu'on pouvait prendre aussi avec le pion.

CINQUIÈME SECTION.

DÉBUTS VARIÉS.

Premier début.

BLANC.	NOIR.
1. P c 2 — c 4	P e 7 — e 5
2. F f 1 — c 4	F f 8 — c 5
3. D d 1 — e 2	P d 7 — d 6
4. P f 2 — f 4	F c 5 — g 1 :
5. T h 1 — g 1	P e 5 — f 4 :
6. P d 2 — d 4	D d 8 — h 4 †
7. P g 2 — g 3	P f 4 — g 3 :
8. T g 1 — g 3 :	

Vous avez le meilleur jeu, quoique avec un pion de
moins ; les noirs, au lieu de donner l'échec de la dame,
devaient jouer C b 8 — c 6.

Variante au 3ᵉ coup.

BLANC.	NOIR.
3. D d 1 — e 2	D d 8 — e 7
4. P f 2 — f 4	C g 8 — f 6 (a)

(a) S'ils avaient pris le pion vous auriez dû jouer C g 1 — f 3.

BLANC.	NOIR.
5. C g 1 — f 3	P d 7 — d 6
6. C b 1 — c 3	P c 7 — c 6
7. P d 2 — d 3	F c 8 — g 4
8. P f 4 — f 5	C b 8 — d 7
9. F c 1 — g 5	P h 7 — h 6
10. F g 5 — h 4	P g 7 — g 5
11. P f 5 — g 6 :	P f 7 — g 6 :
12. P h 2 — h 3	F g 4 — f 3 :
13. D e 2 — f 3 :	R roque c 8

Partie égale.

Deuxième début.

BLANC.	NOIR.
1. P e 2 — e 4	P e 7 — e 5
2. P c 2 — c 3 (a)	P d 7 — d 5
3. C g 1 — f 3	P d 5 — e 4 :
4. C f 3 — e 5 :	F f 8 — d 6
5. C e 5 — c 4	F c 8 — e 6
6. P d 2 — d 4	Partie égale.

(a) Philidor a blâmé ce coup, disant qu'il faisait perdre l'avantage du trait ; je crois qu'il s'est trompé.

Variante au 2ᵉ coup.

BLANC.	NOIR.
2. **P** c 2 — c 3	C g 8 — f 6
3. **P** d 2 — d 4	C f 6 — e 4 : (*a*)
4. **P** d 4 — e 5 :	F f 8 — c 5 (*b*)
5. **D** d 1 — g 4	P d 7 — d 5 (*c*)
6. **D** g 4 — g 7 :	T h 8 — f 8
7. **F** c 1 — e 3	P d 5 — d 4
8. **P** c 3 — d 4 :	F c 5 — d 4 :
9. **C** b 1 — d 2	C e 4 — d 2 :
10. **T** a 1 — d 1	F d 4 — b 2 :
11. **F** e 3 — d 2 :	D d 8 — e 7
12. **C** g 1 — f 3	F c 8 — f 5
13. **D** g 7 — g 5	

Les blancs ont une meilleure position.

Troisième début.

BLANC.	NOIR.
1. **P** e 2 — e 4	P e 7 — e 5

(*a*) S'ils avaient pris avec le pion vous auriez joué **P** e 4 — e 5, et vous auriez eu une meilleure position.

(*b*) Les noirs, en jouant ce coup, commettent une faute, ils devaient jouer P d 7 — d 5.

(*c*) Les noirs peuvent prendre le pion du fou du roi adverse; mais ce coup est fort dangereux.

BLANC.	NOIR.
2. P f 2 — f 4	P d 7 — d 5 (*a*)
3. P e 4 — d 5 :	D d 8 — d 5 :
4. C b 1 — c 3	D d 5 — e 6 (*b*)
5. C g 1 — f 3	P e 5 — f 4 : †
6. R e 1 — f 2 (*c*)	P c 7 — c 6 (*d*)
7. F f 1 — e 2	C g 8 — f 6
8. T h 1 — e 1	

Partie égale.

(*a*) Ce coup est fréquemment joué par ceux qui désirent éviter l'attaque du gambit, il peut être assez bon quand on reçoit la pièce, mais entre deux joueurs qui jouent à but, il est meilleur de prendre le pion du gambit.

(*b*) Les noirs feraient tout aussi bien de jouer leur dame à sa case; ils auraient, il est vrai, perdu un temps, puisqu'ils ont donné aux blancs la facilité de sortir leur cavalier en attaquant leur dame ; mais d'un autre côté il est fort dangereux d'avoir sa dame hors de son jeu dès le commencement de la partie, cela permet souvent à votre adversaire de sortir plusieurs pièces en attaquant votre dame, et par conséquent de gagner des temps.

(*c*) Ce coup est bien joué de la part des blancs, il vaut souvent mieux jouer le roi, lorsqu'il est attaqué, que de le couvrir avec une pièce.

(*d*) Si les noirs avaient joué F f 8 — c 5 +, les blancs auraient dû pousser P d 2 — d 4, forçant les noirs à jouer F c 5 — e 7; car s'ils retiraient leur fou à une autre case les blancs en jouant F f 1 — b 5 + puis T h 1 — e 1 gagneraient la dame ou feraient mat.

Quatrième début.

BLANC.	NOIR.
1 . P e 2 — e 4	P c 7 — c 5 (*a*)
2 . P f 2 — f 4	C b 8 — c 6
3 . C g 1 — f 3	P e 7 — e 6
4 . P c 2 — c 3 (*b*)	P d 7 — d 5·
5 . P e 4 — e 5	P f 7 — f 5 (*c*)
6 . P d 2 — d 4	C g 8 — h 6 (*d*)
7 . F c 1 — e 3	D d 8 — b 6 (*e*)

(*a*) Cette manière d'ouvrir le jeu, lorsque l'on n'a pas le trait, est toute défensive.

(*b*) Vous auriez pu jouer P d 2 — d 4 pour échanger votre pion contre celui du fou de la dame adverse, mais il faudrait conserver le fou de votre dame pour l'opposer au besoin à celui de son roi, qui placé à la case c 5, vous empêcherait de roquer, et gênerait toutes vos pièces.

(*c*) Ils auraient pu, au lieu de ce coup, pousser un pas le pion de leur dame ; alors vous auriez dû prendre le pion avec le vôtre pour les empêcher d'établir, du côté de leur dame, la même position qui se trouve du côté de votre roi.

(*d*) Ils joueraient mal en prenant le pion de votre dame, parce qu'ils faciliteraient par ce coup la sortie du cavalier de votre dame ; de même vous auriez mal joué en prenant leur pion avec le vôtre, parce que par là vous procureriez une place importante à leur fou.

(*e*) Ils attaquent le pion du cavalier de votre reine, dans le dessein de vous le faire pousser un pas. Si vous l'avanciez, ils pourraient en jouant P a 7 — a 5, former avec succès une attaque sur votre gauche.

BLANC.	NOIR.
8. **D** d 1 — d 2	C h 6 — f 7 (*a*)
9. **P** d 4 — c 5 : (*b*)	F f 8 — c 5 :
10. **F** e 3 — c 5 :	D b 6 — c 5 :
11. **C** b 1 — a 3 (*c*)	P g 7 — g 5 (*d*)
12. **P** g 2 — g 3	P h 7 — h 5 (*e*)
13. **P** h 2 — h 4	P g 5 — f 4 : (*f*)
14. **P** g 3 — f 4 :	T h 8 — g 8 (*g*)

(*a*) S'ils eussent attaqué le fou de votre dame avec ce cavalier, vous n'auriez pas dû leur laisser faire pièce pour pièce ; mais il aurait fallu retirer votre fou, et forcer ensuite leur cavalier à la retraite.

(*b*) Ne pouvant sortir le cavalier de votre dame, sans risquer de doubler un pion ou d'avoir votre dame forcée, vous devez absolument vous défaire du fou de leur roi.

(*c*) Votre dessein est de porter ce cavalier à la case d 4 où il joindra celui de votre roi. Ce poste, dans la position présente, est le plus avantageux qu'il puisse occuper. En général, lorsqu'on a deux cavaliers, il est essentiel d'établir entre eux une communication réciproque, et de les poster sur des cases où les pions de l'adversaire ne puissent ni les attaquer, ni les forcer à la retraite.

(*d*) Ils poussent ce pion pour rompre votre centre, et vous joueriez mal en prenant le pion.

(*e*) Ils poussent ce pion à dessein de faire une ouverture à la tour de leur roi, et si vous lui donniez le temps de l'avancer encore un pas, ils pourraient forcer et rompre la queue de vos pions.

(*f*) Le cavalier de votre roi pouvant se poster à la case g 5, soutenu par deux pions, ils prennent votre pion pour procurer à leur cavalier un poste semblable.

(*g*) Ils jouent cette tour pour s'emparer de la ligne. C'est ici un exemple

BLANC.	NOIR.
15. C f 3 — g 5	C f 7 — h 6 (*a*)
16. C a 3 — c 2	C h 6 — g 4
17. C c 2 — d 4 (*b*)	R e 8 — e 7
18. F f 1 — e 2	F c 8 — d 7
19. R roque g 1 (*c*)	T a 8 — c 8
20. T a 1 — c 1 (*d*)	Partie égale.

Cinquième début.

BLANC.	NOIR.
1. P e 2 — e 4	P e 7 — e 6

---

des cas où l'on peut sacrifier une tour pour une autre pièce. Si vous ne fermiez pas cette ligne avec votre cavalier, ils porteraient leur tour à la case g 4, appuyée et soutenue par deux pions, et vous ne pourriez la prendre qu'en réunissant ses pions.

(*a*) Ils jouent ce cavalier, dans le dessein de le porter à la case g 4, où il aura un poste semblable à celui qu'occupe le vôtre.

(*b*) Par ce coup vous masquez la direction de la dame adverse, et vos deux cavaliers se trouvent réunis pour attaquer et prendre le pion de leur roi.

(*c*) Il serait dangereux de roquer à votre gauche, parce qu'ils pourraient aisément former une attaque sur votre roi. D'ailleurs, dans cette position, votre roi doit venir occuper la case g 3, pour contenir le cavalier adverse, et en même temps soutenir vos pions.

(*d*) Ce coup est nécessaire pour les empêcher de se rendre maître de la ligne, en prenant votre cavalier avec le leur. Cette position leur ferait gagner la partie. Il faut toujours opposer les tours à celles de l'adversaire, et ne

BLANC.	NOIR.
2. P d 2 — d 4	P d 7 — d 5
3. P e 4 — e 5 (*a*)	P c 7 — c 5
4. F f 1 — b 5 †	C b 8 — c 6
5. P c 2 — c 3	D d 8 — b 6
6. F b 5 — c 6 : †	P b 7 — c 6 :
7. P f 2 — f 4	P c 5 — d 4 :
8. P c 3 — d 4 :	P c 6 — c 5
9. C g 1 — f 3	F c 8 — d 7
10. C b 1 — c 3	C g 8 — h 6 (*b*)
11. P b 2 — b 3	C h 6 — f 5
12. C c 3 — e 2	P c 5 — d 4 :
13. C f 3 — d 4 :	F f 8 — b 4 †
14. R e 1 — f 1	C f 5 — d 4 :

Dans cette position, si les blancs jouent D d 1 — d 4 : les noirs joueront D b 6 — d 4 :, puis F b 4 — c 3. Si les blancs prennent avec le cavalier C e 2 — d 4 : les noirs, en plaçant de suite leur fou à la case c 3, auront le meilleur jeu.

---

jamais lui céder les ouvertures. Dans cette situation, les deux jeux sont à peu près égaux. Les blancs ont néanmoins une sorte d'avantage, en ce qu'ils ont un pion avancé sur le terrain des noirs.

(*a*) Il est dangereux de pousser ce pion, il eût mieux valu jouer P e 4 — d 5 : et la partie eût été parfaitement égale.

(*b*) Si vous aviez roqué, ils auraient joué P c 5 — d 4 : et vous n'auriez pas pu reprendre sans perdre une pièce.

Variante au 4ᵉ coup.

BLANC.	NOIR.
4. P c 2 — c 3	C b 8 — c 6
5. P f 2 — f 4	D d 8 — b 6
6. C g 1 — f 3	F c 8 — d 7
7. F f 1 — e 2	T a 8 — c 8
8. R roque g 1	P c 5 — d 4 :
9. P c 3 — d 4 :	C c 6 — d 4 :
10. C f 3 — d 4 :	F f 8 — c 5
11. F c 1 — e 3	D b 6 — b 2 :

Les noirs recouvrent leur pièce et ont le meilleur jeu.

Sixième début.

BLANC.	NOIR.
1. P e 2 — e 4	P e 7 — e 6
2. P f 2 — f 4 (*a*)	P d 7 — d 5
3. P e 4 — e 5	P c 7 — c 5
4. P c 2 — c 3	C b 8 — c 6
5. F f 1 — d 3	D d 8 — b 6
6. F d 3 — c 2	P c 5 — c 4

(*a*) Ce coup est bien préférable à P d 2 — d 4.

	BLANC.	NOIR.
7.	C g 1 — f 3	. F f 8 — c 5
8.	D d 1 — e 2	C g 8 — h 6
9.	P b 2 — b 4	P c 4 — b 3 :
10.	P a 2 — b 3 :	F c 8 — d 7
11.	P d 2 — d 4	F c 5 — e 7

Partie à peu près égale.

Variante au 5e coup.

	BLANC.	NOIR.
5.	C g 1 — f 3	D d 8 — b 6
6.	F f 1 — e 2	F c 8 — d 7
7	R roque g 1	P f 7 — f 6
8.	R g 1 — h 1	C g 8 — h 6
9.	P d 2 — d 3 (*a*)	C h 6 — f 7
10.	P d 3 — d 4	F f 8 — e 7
11.	P b 2 — b 3	T a 8 — c 8
12.	C b 1 — a 3	D b 6 — a 5

Les noirs ont le meilleur jeu.

(*a*) Si les blancs avaient poussé de suite ce pion deux pas , les noirs l'auraient forcé en jouant ainsi P c 5 — d 4 : P c 3 — d 4 : C h 6 — f 5.

Septième début.

BLANC.	NOIR.
1. P e 2 — e 4	P e 7 — e 6
2. P f 2 — f 4	P d 7 — d 5
3. P e 4 — e 5	P c 7 — c 5
4. P c 2 — c 3	C b 8 — c 6
5. C g 1 — f 3	P c 5 — c 4 (*a*)
6. F f 1 — e 2	F f 8 — c 5
7. P d 2 — d 4	P c 4 — d 3 :
8. F e 2 — d 3 :	C g 8 — e 7
9. D d 1 — e 2	R roque g 8 (*b*)
10. F d 3 — h 7 : †	R g 8 — h 7 : (*c*)
11. C f 3 — g 5 †	R h 7 — g 6 (*d*)
12. D d 1 — g 4	P f 7 — f 5
13. D g 4 — g 3	D d 8 — b 6

(*a*) Ce coup n'est pas bien joué, et les blancs pourraient pousser P b 2 — b 3, forçant à prendre ; ce qui leur permettrait de jouer le coup suivant P d 2 — d 4.

(*b*) Les noirs, en roquant ici trop promptement, permettent aux blancs de faire un coup fort joli, et qui se présente assez souvent ; mais il y a des cas où il n'est pas toujours bon à faire.

(*c*) Il eût mieux valu ne pas prendre et jouer R g 8 — h 8.

(*d*) Si les noirs avaient joué R h 7 — g 8, les blancs auraient dû jouer D e 2 — h 5.

BLANC.	NOIR.
14. G g 5 — e 6 : †	R g 6 — f 7
15. D g 3 — g 7 : †	R f 7 — e 6 :
16. D g 7 — f 8 :	

Les blancs ont le meilleur jeu.

Huitième début.

BLANC.	NOIR.
1. P e 2 — e 4	P e 7 — e 6
2. P f 2 — f 4	P d 7 — d 5
3. P e 4 — e 5	P c 7 — c 5
4. P c 2 — c 3	C b 8 — c 6
5. G g 1 — f 3	P f 7 — f 6 (a)
6. F f 1 — d 3	C g 8 — h 6
7. F d 3 — c 2	D d 8 — b 6
8. P d 2 — d 3 (b)	C h 6 — f 7
9. D d 1 — e 2	F f 8 — e 7
10. P b 2 — b 3	D b 6 — c 7
11. P d 3 — d 4	F c 8 — d 7
12. F c 1 — e 3	P c 5 — d 4 :
13. P c 3 — d 4 :	C c 6 — b 4

(a) C'est une assez bonne attaque.

(b) Il eût été dangereux de pousser de suite P d 2 — d 4.

BLANC.	NOIR.
14. **F** c 2 — d 3	P a 7 — a 6
15. **P** a 2 — a 4	T a 8 — c 8
16. **R** roque g 1	

Partie à peu près égale.

Neuvième début.

BLANC.	NOIR.
1. **P** c 2 — c 4	P e 7 — c 5
2. **C** b 1 — c 3	P f 7 — f 5
3. **P** d 2 — d 4	P e 5 — e 4
4. **P** d 4 — d 5	P c 7 — c 6
5. **P** d 5 — d 6 (*a*)	D d 8 — f 6
6. **P** c 4 — c 5	P b 7 — b 6
7. **P** c 6 — b 6 :	P a 7 — b 6 :
8. **C** c 3 — a 4	F f 8 — d 6 :
9. **C** a 4 — b 6 :	F d 6 — b 4 †
10. **F** c 1 — d 2	D f 6 — b 2 :
11. **C** b 6 — a 8 :	F b 4 — d 2 : †
12. **D** d 1 — d 2 :	D b 2 — a 1 : †
13. **D** d 2 — d 1	D a 1 — a 2 :

(*a*) Ce pion, ainsi placé, gêne la sortie des pièces de l'adversaire; mais
s blancs en l'avançant, sans avoir les moyens de le défendre, compromettent leur partie.

BLANC.	NOIR.

14. **C** a 8 — c 7 † (*a*)   R e 8 — d 8
15. **D** d 1 — d 6   C g 8 — e 7

Dans cette position les noirs doivent gagner.

Dixième début.

GAMBIT DE LA DAME.

BLANC.	NOIR.

1. **P** d 2 — d 4   P d 7 — d 5
2. **P** c 2 — c 4   P d 5 — c 4 :
3. **P** e 2 — e 4   P b 7 — b 5
4. **P** a 2 — a 4   P c 7 — c 6
5. **P** a 4 — b 5 :   P c 6 — b 5 :
6. **P** b 2 — b 3   P b 5 — b 4 (*b*)
7. **P** b 3 — c 4 :   P a 7 — a 5
8. **F** c 1 — f 4   F c 8 — d 7
9. **F** f 1 — d 3

Les blancs ont le meilleur jeu.

(*a*) Si les blancs avaient joué **C** a 8 — b 6, les noirs auraient dû jouer D a 2 — a 5 †

(*b*) Si les noirs avaient joué F c 8 — a 6, pour défendre leur pion les blancs auraient dû jouer ainsi **P** b 3 — c 4 : P b 5 — c 4, **T** a 1 — a 6 : C b 8 — a 6 : **D** d 1 — a 4 † gagnant la pièce.

Variante au 3ᵉ coup.

BLANC.	NOIR.
3. P e 2 — e 4	P e 7 — e 5 (*a*)
4. P d 4 — e 5 :	D d 8 — d 1 : †
5. R e 1 — d 1 :	C b 8 — d 7
6. P f 2 — f 4 :	C d 7 — c 5
7. C b 1 — c 3	P c 7 — c 6
8. F f 1 — c 4 :	P b 7 — b 5
9. F c 4 — b 3	P b 5 — b 4
10. C c 3 — e 2	C c 5 — e 4 :

Les noirs ont beau jeu.

(*a*) C'est le coup juste. (*Voyez* pour ce début la neuvième partie du troisième chapitre qui appartient en entier à Philidor, et où ce genre de partie est fort bien analysé.)

CHAPITRE II.

DES PARTIES A AVANTAGES.

Souvent on ne peut au jeu des échecs faire de parties égales, qu'en compensant par des avantages ce que l'un des joueurs a de plus en calcul et en connaissance du jeu. D'ailleurs, lorsque l'on a le désir de faire des progrès, il vaut mieux engager ses parties avec des joueurs plus forts que soi. On apprend peu de chose avec un adversaire de sa force, et la diminution successive des avantages que vous fera un fort joueur, en vous encourageant par la certitude des progrès que vous faites, vous amènera à une connaissance approfondie du jeu.

J'ai cru inutile de donner des parties où l'un des deux joueurs fait avantage d'une pièce.

Le joueur qui reçoit la pièce, doit étudier avec soin les ouvertures de jeu ; car c'est ordinairement au commencement de la partie, que le joueur qui fait avantage, prend une position, qui souvent compense la pièce qu'il donne. Le joueur qui reçoit la pièce doit aussi simplifier la partie, en faisant autant que possible des pièces pour pièces, prenant garde toutefois à ne point perdre des temps, ni la position, en faisant ses échanges.

Ce chapitre sera divisé en deux sections : dans la première on traitera de l'avantage du pion et trait ; dans la seconde de l'avantage du pion et deux traits.

Il est de règle que quand on donne un pion, c'est toujours le pion du fou du roi.

PREMIÈRE SECTION.

Les noirs donnent le pion et le trait.

Premier début.

BLANC.	NOIR.
1. P e 2 — c 4	P e 7 — e 6
2. P d 2 — d 4 (*a*)	P d 7 — d 5
3. P e 4 — e 5	P c 7 — c 5
4. P c 2 — c 3	C b 8 — c 6
5. F f 1 — b 5 (*b*)	D d 8 — b 6
6. F b 5 — c 6 : †	P b 7 — c 6 :

(*a*) P f 2 — f 4 eût été meilleur.

(*b*) Les blancs jouent ce coup pour prendre le cavalier avant que les noirs aient porté la dame à la case b 6, autrement ils auraient eu de la difficulté à soutenir le pion de leur dame.

BLANC.	NOIR.
7. C g 1 — e 2	P c 5 — d 4 :
8. P c 3 — d 4 :	P c 6 — c 5

Dans cette position les noirs, quoique avec le pion de moins, ont assez beau jeu ; ils auront, quel que soit le coup des blancs, un pion passé.

Deuxième début.

BLANC.	NOIR.
1. P e 2 — e 4	P e 7 — e 6
2. P f 2 — f 4	P d 7 — d 5
3. P e 4 — e 5	P c 7 — c 5
4. P c 2 — c 3	C b 8 — c 6
5. F f 1 — d 3	C g 8 — h 6 (*a*)
6. F d 3 — c 2	D d 8 — b 6
7. C g 1 — f 3	F c 8 — d 7
8. C f 3 — g 5	P g 7 — g 6 (*b*)
9. C g 5 — h 7 : (*c*)	T h 8 — h 7 :
10. F c 2 — g 6 : †	T h 7 — f 7

(*a*) Si les noirs avaient joué P g 7 — g 6, vous auriez eu une attaque très-forte en poussant P h 2 — h 4.

(*b*) Ils poussent ce pion pour défendre le pion h 7.

(*c*) Ce sacrifice se présente assez souvent dans les parties de pion et trait, et de pion et deux traits ; il donne l'échange d'une tour contre un fou, et deux pions pour la pièce.

BLANC.	NOIR.
11. D d 1 — h 5	C c 6 — e 7
12. F g 6 — f 7 :	C h 6 — f 7 :

Dans cette position les blancs, quoique avec une pièce de moins, ont fort beau jeu ; ils ont l'échange et trois pions de plus.

Troisième début.

BLANC.	NOIR.
1. P e 2 — e 4	P d 7 — d 6
2. P d 2 — d 4	C g 8 — f 6
3. F f 1 — d 3	P e 7 — e 5
4. P d 4 — d 5	P c 7 — c 6
5. P c 2 — c 4	F f 8 — e 7
6. P f 2 — f 4 (*a*)	F c 8 — g 4
7. C g 1 — f 3	D d 8 — b 6
8. P h 2 — h 3	F g 4 — f 3 :
9. D d 1 — f 3 :	C b 8 — d 7
10. C b 1 — c 3	R roque g 8 (*b*)
11. P f 4 — f 5	

Les blancs, en formant une attaque avec leurs pions de droite, doivent gagner.

(*a*) Ce pion est fort avantageux à mettre en action avant de sortir le cavalier du roi ; mais il y a quelquefois du danger à le pousser.

(*b*) Les noirs font une faute en roquant sur ce coup.

Quatrième début.

BLANC.		NOIR.
1. P e 2 — e 4		P g 7 — g 6 (*a*)
2. P d 2 — d 4		F f 8 — g 7
3. P h 2 — h 4		P e 7 — e 5
4. P c 2 — c 3		C g 8 — e 7
5. P d 4 — e 5 :		F g 7 — e 5 :
6. P f 2 — f 4		F e 5 — g 7
7. F f 1 — c 4		C b 8 — c 6
8. P h 4 — h 5		P d 7 — d 6
9. C g 1 — h 3		F c 8 — h 3 :
10. T h 1 — h 3 :		D d 8 — d 7
11. D d 1 — b 3		

Les blancs ont beau jeu.

Cinquième début.

BLANC.		NOIR.
1. P e 2 — e 4		C g 8 — h 6 (*b*)
2. P d 2 — d 4		C h 6 — f 7
3. P f 2 — f 4		P e 7 — e 6

(*a*) Ce début n'est pas très-bon lorsque l'on rend le pion et trait.

(*b*) Cette manière de jouer, en donnant le pion et trait, n'est pas très-bonne.

BLANC.	NOIR.
4 P c 2 — c 4	P c 7 — c 5
5. P d 4 — d 5	P d 7 — d 6
6. C g 1 — f 3	F f 8 — e 7
7. F f 1 — d 3	C b 8 — a 6
8. C b 1 — c 3	C a 6 — c 7
9. P e 4 — e 5	P g 7 — g 6
10. P h 2 — h 4	

Les blancs ont très-beau jeu.

Sixième début.

BLANC.	NOIR.
1. P e 2 — e 4	C b 8 — c 6
2. P d 2 — d 4	P d 7 — d 5
3. P e 4 — e 5	F c 8 — f 5
4. P g 2 — g 4 (*a*)	F f 5 — g 6 (*b*)
5. P h 2 — h 4	P h 7 — h 5
6. P f 2 — f 4	F g 6 — e 4
7. T h 1 — h 2	C g 8 — h 6
8. P g 4 — g 5	C h 6 — g 4

(*a*) Le fou placé à cette case est un coup bien joué et qui détruit l'attaque des blancs.

(*b*) Les blancs, en poussant trop promptement sur le fou, perdent leur avantage.

BLANC.	NOIR.
9. T h 2 — h 3	P e 7 — e 6
10. C b 1 — c 3	F f 8 — b 4
11. F f 1 — e 2	F e 4 — f 5

Partie à peu près égale.

Septième début.

BLANC.	NOIR.
1. P e 2 — e 4	C b 8 — c 6
2. P d 2 — d 4	P e 7 — e 5
3. P d 4 — d 5	C c 6 — e 7
4. F c 1 — g 5	C g 8 — f 6
5. F g 5 — f 6 :	P g 7 — f 6 :
6. D d 1 — h 5 †	C e 7 — g 6
7. C g 1 — f 3	D d 8 — e 7
8. P d 5 — d 6 (a)	P c 7 — d 6 :
9. F f 1 — c 4	D e 7 — g 7
10. C f 3 — h 4	D g 7 — h 6
11. D h 5 — h 6 :	F f 8 — h 6 :
12. C h 4 — f 5	

Les blancs ont beau jeu.

(a) Ce coup est assez ingénieux : les blancs perdent un pion ; mais ils empêchent la sortie des pièces de leur adversaire pendant quelques coups, et ils gagnent par conséquent des temps.

Huitième début.

BLANC.	NOIR.
1. P e 2 — e 4	C b 8 — c 6
2. P d 2 — d 4	P e 7 — e 6
3. P f 2 — f 4	P d 7 — d 5
4. P e 4 — e 5	C g 8 — h 6
5. P c 2 — c 3	C c 6 — e 7 (*a*)
6. F f 1 — d 3	C e 7 — f 5
7. C g 1 — f 3	F f 8 — e 7
8. D d 1 — c 2	P c 7 — c 5
9. F c 1 — e 3	D d 8 — b 6
10. P d 4 — c 5 :	F e 7 — c 5 :
11. F e 3 — c 5 :	D b 6 — c 5 :
12. F d 3 — b 5 †	F c 8 — d 7
13. F b 5 — d 7 : †	R e 8 — d 7 :
14. C b 1 — d 2	D c 5 — e 3
15. P g 2 — g 3	

Partie à peu près égale.

(*a*) Ils jouent ce coup pour porter leur cavalier snr leur gauche, qui est leur côté faible.

DEUXIÈME SECTION.

Les noirs donnent le pion et deux traits.

Premier début.

BLANC.	NOIR.
1. P e 2 — e 4 P d 2 — d 4	P e 7 — e 6
2. P f 2 — f 4 (*a*)	P d 7 — d 5
3. P e 4 — e 5	P c 7 — c 5
4. P c 2 — c 3	C b 8 — c 6
5. C g 1 — f 3	C g 8 — h 6
6. F f 1 — d 3	D d 8 — b 6
7. P h 2 — h 3	F c 8 — d 7
8. F d 3 — c 2	F f 8 — e 7
9. P g 2 — g 4 (*b*)	T a 8 — c 8
10. P f 4 — f 5	C h 6 — f 7
11. P f 5 — e 6 :	F d 7 — e 6 :
12. P b 2 — b 3	P c 5 — d 4 :
13. P c 3 — d 4 :	F e 7 — b 4 †
14. R e 1 — f 1	R roque g 8
15. R f 1 — g 2	C f 7 — e 5 :

(*a*) Ce coup n'est pas très-bon, F f 1 d 3 eût été préférable.

(*b*) Les blancs perdent la partie en poursuivant une attaque insignifiante sur la gauche de leur adversaire, et en négligeant l'attaque que celui-ci forme à son tour sur leur gauche.

BLANC.	NOIR.
16. **P** d 4 — e 5 :	C c 6 — e 5 :
17. **T** h 1 — f 1	C e 5 — f 3 :
18. **T** f 1 — f 3 :	T f 8 — f 3 :
19. **R** g 2 — f 3 :	T c 8 — f 8 †

Dans cette position les noirs doivent gagner.

Deuxième début.

BLANC.	NOIR.
1. **P** e 2 — e 4 **P** d 2 — d 4	P e 7 — e 6
2. **F** f 1 — d 3	P d 7 — d 5 (*a*)
3. **P** e 4 — e 5	P g 7 — g 6
4. **P** h 2 — h 4 (*b*)	P c 7 — c 5
5. **P** c 2 — c 3	C b 8 — c 6
6 **P** h 4 — h 5	P g 6 — g 5
7. **C** g 1 — h 3	F f 8 -- e 7
8. **P** h 5 — h 6	D d 8 — b 6 (*c*)
9. **D** d 1 — h 5 †	R e 8 — d 8

Dans cette position les blancs ont beau jeu.

(*a*) P c 7 — c 5 eût été préférable, et eût commencé plus vite l'attaque que les noirs forment sur la gauche de leur adversaire.

(*b*) Dans cette partie, les blancs qui reçoivent le pion et deux traits, doivent former leur attaque sur la gauche de leur adversaire, où il se trouve un pion de moins, et qui est le côé faible.

(*c*) Si les noirs avaient pris le pion h 6 avec leur cavalier, les blancs au-

Troisième début.

BLANC.		NOIR.
1. P e 2 — e 4 P d 2 — d 4		C b 8 — c 6
2. P d 4 — d 5		C c 6 — e 5
3. P f 2 — f 4 (a)		C e 5 — f 7
4. P e 4 — e 5		P e 7 — e 6
5. P c 2 — c 4		F f 8 — c 5
6. C g 1 — f 3		C g 8 — h 6
7. C b 1 — c 3		P d 7 — d 6
8. F f 1 — d 3		D d 8 — e 7
9. D d 1 — e 2		P c 7 — c 6
10. F c 1 — d 2		P g 7 — g 6
11. R roque c 1		

Les blancs ont beau jeu.

Quatrième début.

BLANC.		NOIR.
1. P e 2 — e 4 P d 2 — d 4		C b 8 — c 6

---

raient dû jouer ainsi : C h 3 — g 5 : F e 7 — g 5 : T h 1 — h 6 : regagnant leur pièce.

(a) Cette manière d'avancer de suite ses pions ouvre beaucoup votre jeu, et présente assez souvent du danger.

(b) Si vous aviez joué F c 1 — e 3, les noirs en commençant par prendre, puis jouant C h 6 — g 4, auraient gagné un pion.

BLANC.	NOIR.
2. P f 2 — f 4	P d 7 — d 5
3. P e 4 — e 5	F c 8 — f 5
4. P c 2 — c 3	P e 7 — e 6
5. F f 1 — d 3	C g 8 — h 6
6. C g 1 — f 3	F f 8 — e 7
7. R roque g 1	R roque g 8
8. P h 2 — h 3	F f 5 — d 3 :
9. D d 1 — d 3 :	D d 8 — d 7
10. F c 1 — e 3	C h 6 — f 5
11. F e 3 — f 2	T a 8 — e 8
12. P g 2 — g 4	C f 5 — h 6
13. F f 2 — e 3	P a 7 — a 6
14. C b 1 — d 2	C c 6 — d 8
15. R g 1 — g 2	P c 7 — c 6
16. R g 2 — g 3	P b 7 — b 5
17. P h 3 — h 4	C d 8 — b 7
18. T f 1 — h 1	P c 6 — c 5
19. C f 3 — g 5	F e 7 — g 5 :
20. P h 4 — g 5 :	

Les blancs gagneront une pièce ou donneront l'échec et mat.

———————

CHAPITRE III.

Le milieu d'une partie présente tant de variantes, qu'on reconnaît facilement l'impossibilité de les analyser toutes, et d'arriver à des résultats aussi exacts que dans les débuts et les fins de partie. Ici, la théorie n'est plus d'aucun secours, et les joueurs sont livrés à leurs propres forces. La parfaite connaissance des temps, la justesse des coups, la profondeur des calculs, décident de leur supériorité et l'établissent incontestablement.

J'ai cru cependant pouvoir suppléer à cette lacune de théorie, en donnant plusieurs exemples de parties bien jouées, et en les accompagnant de réflexions qui pourront servir d'instruction et de guide, a ceux qui ne craindront pas de s'engager dans une étude trop sérieuse.

Ce chapitre contiendra neuf parties. La première la seconde, la huitième et la neuvième appartiennent à Philidor. La troisième a été jouée récemment par deux forts amateurs français; la quatrième, la cinquième, la sixième, ont été jouées par correspondance entre le club de Londres et le club d'Edimbourg. Enfin, la septième a été jouée par un amateur anglais d'une grande force et par l'auteur de cet ouvrage.

PREMIÈRE PARTIE.

BLANC.	NOIR.
1. P e 2 — e 4	P e 7 — e 5
2. F f 1 — c 4	F f 8 — c 5
3. P c 2 — c 3	C g 8 — f 6
4. P d 2 — d 4 (*a*)	P e 5 — d 4 :
5. P c 3 — d 4 : (*b*)	F c 5 — b 6 (*c*)
6. C b 1 — c 3	R roque g 8
7. C g 1 — e 2 (*d*)	P c 7 — c 6

(*a*) Vous poussez ce pion deux pas, tant pour masquer la direction du fou adverse sur le pion du fou de votre roi, que pour établir vos pions au centre du jeu; ce qui est d'une grande importance.

(*b*) Lorsque vous avez deux pions de front, comme dans la situation présente, il faut les y maintenir, sans avancer aucun des deux, jusqu'à ce que l'adversaire vous propose l'échange d'un pion contre un des vôtres; ce que vous éviterez alors en poussant le pion attaqué.

(*c*) Ce fou, au lieu de se retirer, peut donner échec; dans ce cas vous devez couvrir du fou, et s'ils le prennent vous reprendrez du cavalier en soutenant le pion de votre roi. Dans cette partie, Philidor a cru qu'il pouvait ne pas faire toujours jouer le coup juste, pour avoir l'occasion de donner de fréquens exemples de la manière de bien jouer les pions.

(*d*) Si vous jouiez le cavalier à la case f 3, il empêcherait la marche du pion de votre fou; les noirs pourraient, sur ce coup, prendre C f 6 — e 4 : et pousser ensuite P d 7 — d 5 ; ce qui romprait votre centre.

BLANC.	NOIR.
8. F c 4 — d 3 (*a*)	P d 7 — d 5
9. P e 4 — e 5	C f 6 — e 8
10. F c 1 — e 3	P f 7 — f 6 (*b*)
11. D d 1 — d 2 (*c*)	P f 6 — e 5 : (*d*)
12. P d 4 — e 5 :	F c 8 — e 6 (*e*)
13. C e 2 — f 4 (*f*)	D d 8 — e 7

(*a*) Vous retirez ce fou, parce qu'en jouant le coup suivant P d 7 — d 5, ils vous forceraient d'échanger le pion de votre roi contre le leur, ce qui romprait vos pions du centre.

(*b*) Ils jouent ce pion pour faire une ouverture à leur tour. Ce qui leur réussira, soit que vous preniez ou que vous les laissiez prendre.

(*c*) Vous ne devez pas prendre le pion qui vous est offert, parce qu'alors le pion de votre roi perdrait sa ligne; au lieu qu'en le laissant prendre, vous le remplacez par celui de la dame que vous soutiendrez ensuite par celui du fou du roi. Ces deux pions liés ensemble doivent vous procurer le gain de la partie.

(*d*) Ils prennent le pion pour suivre leur projet d'ouvrir la ligne de leur tour.

(*e*) Ils jouent ce fou afin de pouvoir avancer ensuite le pion du fou de leur dame.

Vous pourriez prendre le fou de leur roi avec celui de votre dame, ce qui les obligeraient à doubler un pion; mais cela mettrait en jeu la tour de leur dame. D'ailleurs, un pion doublé, lorsqu'il est lié avec d'autres pions, n'est point un désavantage, surtout lorsqu'il se rapproche du centre.

(*f*) Le pion de votre roi, n'étant point encore en danger, votre cavalier attaque leur fou pour le forcer à se retirer, ou le prendre.

BLANC.	NOIR.
14. **F** c 3 — b 6 : (*a*)	P a 7 — b 6 :
15. **R** roque g 1 (*b*)	C b 8 — d 7
16. **C** f 4 — e 6 :	D e 7 — e 6 :
17. **P** f 2 — f 4	C e 8 — c 7
18. **T** a 1 — e 1	P g 7 — g 6 (*c*)
19. **P** h 2 — h 3 (*d*)	P d 5 — d 4
20. **C** c 3 — e 4	P h 7 — h 6 (*e*)
21. **P** b 2 — b 3	P b 6 — b 5
22. **P** g 2 — g 4	C c 7 — d 5
23. **C** e 4 — g 3 (*f*)	C d 5 — e 3 (*g*)

(*a*) Il est toujours dangereux de laisser le fou du roi adverse battre sur la ligne du pion du fou de votre roi ; et lorsque le pion de votre dame ne peut pas masquer cette direction, il faut lui opposer votre fou de la couleur du sien, et le prendre, pour toute autre pièce dès que l'occasion s'en présente.

(*b*) Vous roquez de ce côté, pour soutenir d'autant mieux le pion du fou de votre roi, que vous avancerez deux pas, aussitôt que celui de votre roi sera attaqué.

(*c*) Ils poussent ce pion pour vous empêcher d'avancer celui du fou de votre roi sur leur dame; ce qui vous donnerait deux pions de front sur leur terrain.

(*d*) Vous jouez ce pion afin de pouvoir avancer ensuite celui du cavalier de votre roi.

(*e*) Ils poussent ce pion pour empêcher votre cavalier d'entrer dans leur jeu, et de faire déplacer leur dame, ce qui donnerait, dès l'instant même, un champ libre à vos pions.

(*f*) Vous jouez le cavalier afin de pousser ensuite le pion du fou de votre roi qui se trouve soutenu par trois pièces.

(*g*) Ils jouent ce coup pour couper la communication entre vos pièces et

BLANC.	NOIR.
24. T e 1 — e 3 :	P d 4 — e 3 :
25. D d 2 — e 3 :	T a 8 — a 2 :
26. T f 1 — e 1 (*a*)	D e 6 — b 3 :
27. D e 3 — e 4	D b 3 — e 6 (*b*)
28. P f 4 — f 5	P g 6 — f 5 :
29. P g 4 — f 5 :	D e 6 — d 5 (*c*)
30. D e 4 — d 5 : †	P c 6 — d 5 :
31. F d 3 — b 5 :	C d 7 — b 6
32. P f 5 — f 6 : (*d*)	T a 2 — b 2
33. F b 5 — d 3	R g 8 — f 7
34. F d 3 — f 5 (*e*)	C b 6 — c 4

---

rompre vos pions, ce qu'ils feraient infailliblement en avançant le pion du cavalier de leur roi; mais vous prévenez leur dessein en faisant le sacrifice de votre tour.

(*a*) Vous jouez cette tour pour soutenir le pion de votre roi qui resterait en prise, lorsque vous pousserez celui du fou du roi.

(*b*) La dame noire revient à cette case, pour parer le mat qui se prépare.

(*c*) Ils offrent l'échange de la dame, pour éviter le mat dont ils sont menacés par le fou et la dame.

(*d*) Lorsque, dans une fin de partie, vous avez un fou, il faut avoir soin de placer vos pions sur les cases de la couleur opposée à celle de ce fou, qui empêche les pièces de l'adversaire de se porter entre vos pions. C'est une règle générale, lorsque l'on attaque et que l'on a des pions passés. Lorsqu'on est sur la défensive, c'est le contraire; il faut alors placer les pions sur la couleur du fou.

(*e*) Voici un exemple de la règle précédente. Si votre fou était noir, le roi adverse pourrait se placer entre vos deux pions.

BLANC.	NOIR.
35. C g 3 — h 5	T f 8 — g 8 †
36. F f 5 — g 4	C c 4 — d 2
37. P e 5 — e 6 †	R f 7 — g 6
38. P f 6 — f 7	T g 8 — f 8
39. C h 5 — f 4 †	R g 6 — g 7
40. F g 4 — h 5 (a)	

(a) Quoi qu'ils jouent, vous poussez le pion à dame, et vous gagnez la partie.

SECONDE PARTIE.

BLANC.	NOIR.
1. P e 2 — e 4	P e 7 — e 5
2. F f 1 — c 4	P c 7 — c 6
3. P d 2 — d 4 (*a*)	P e 5 — d 4 :
4. D d 1 — d 4 :	P d 7 — d 6
5. P f 2 — f 4	F c 8 — e 6 (*b*)
6. F c 4 — d 3	P d 6 — d 5
7. P e 4 — e 5	P c 6 — c 5
8. D d 4 — f 2	C b 8 -- c 6 (*c*)
9. P c 2 — c 3	P g 7 — g 6
10. P h 2 — h 3	P h 7 — h 5 (*d*)

(*a*) Vous devez pousser ce pion deux pas, pour les empêcher de porter leurs pions au centre, ce qu'ils feraient en jouant P d 7 — d 5, en attaquant votre fou ; et par ce coup ils gagneraient sur vous l'avantage du trait.

(*b*) Ils jouent ce fou pour deux raisons : la première, pour pouvoir pousser le pion de leur dame, et par là faire place au fou de leur roi ; la seconde, pour l'opposer au fou de votre roi, et s'en défaire dans l'occasion.

(*c*) Si, au lieu de sortir leurs pièces, comme ils font en jouant ce cavalier, ils continuaient de pousser leurs pions en avant, ils risqueraient de perdre la partie. Il faut observer qu'un ou même deux pions, lorsqu'ils sont trop avancés, courent grand risque d'être perdus, à moins qu'ils ne puissent être soutenus ou remplacés par d'autres, ou que toutes les pièces n'aient le champ libre pour les secourir.

(*d*) Ils poussent ce pion deux pas pour empêcher les vôtres d'avancer sur les leurs. Dans la situation présente, il y a, de part et d'autre, deux corps

BLANC.	NOIR.
11. P g 2 — g 3 (a)	C g 8 — h 6
12. C g 1 — f 3	F f 8 — e 7
13. P a 2 — a 4	C h 6 — f 5
14. R e 1 — f 1	P h 5 — h 4
15. P g 3 — g 4	C f 5 — g 3 †
16. R f 1 — g 2	C g 3 — h 1 :
17. R g 2 — h 1 : (b)	D d 8 — d 7
18. D f 2 — g 1 (c)	P a 7 — a 5
19. F c 1 — e 3 (d)	P b 7 — b 6

égaux de pions sur l'échiquier. Vous en avez quatre du côté de votre roi contre trois des leurs, et ils en ont quatre contre trois des vôtres du côté de leur dame. Celui qui pourra le premier séparer les pions de son adversaire, où ils sont en plus grand nombre que les siens, doit indubitablement gagner la partie.

(a) Ce coup est essentiel, parce qu'en jouant P h 5 — h 4, ils couperaient la communication de vos pions. Celui du cavalier de votre roi ne pourrait jamais joindre celui de votre fou, sans s'exposer à être pris par le pion de leur tour.

(b) Quoiqu'une tour soit une pièce plus importante qu'un cavalier, votre jeu est meilleur que le leur, parce que cet échange met votre roi en sûreté, et que vous êtes en état de former une attaque de quelque côté qu'ils puissent roquer.

(c) Ce coup est essentiel pour soutenir le pion du cavalier de votre roi, et empêcher qu'ils ne sacrifient leur fou pour vos deux pions, ce qu'ils feraient indubitablement. La force de votre jeu consistant à présent dans vos pions, ils doivent chercher à les rompre, d'autant plus que par là ils gagneraient sur vous une attaque qui pourrait causer la perte de votre partie.

(d) Vous jouez ce fou, dans l'intention de leur faire pousser le pion du

BLANC.	NOIR.
20. **C** b 1 — a 3	R roque — c 8 : (*a*)
21. **F** d 3 — a 6 †	R c 8 — c 7
22. **C** a 3 — c 2 (*b*)	T d 8 — a 8
23. **F** a 6 — b 5	D d 7 — d 8 (*c*)
24. **P** b 2 — b 4	D d 8 — f 8
25. **P** b 4 — c 5 :	P b 6 — c 5 :
26. **C** f 3 — d 2 (*d*)	P c 5 — c 4 (*e*)
27. **C** d 2 — f 3	P f 7 — f 6 (*f*)
28. **F** e 3 — b 6 †	R c 7 — b 7
29. **F** b 5 — c 6 : †	R b 7 — c 6 :
30. **C** f 2 — d 4 †	R c 6 — d 7 (*g*)

---

fou de leur dame ; ce qui donnerait passage à vos cavaliers et vous procurerait le gain de la partie en peu de coups.

(*a*) Ils roquent de ce côté, pour éviter l'attaque de vos pions sur leur
roi, ayant moins à craindre du côté où ils sont moins avancés.

(*b*) Si vous leur eussiez donné échec avec le cavalier, vous auriez em-
barrassé votre fou et perdu plusieurs temps. Il vaut donc mieux rétro-
grader.

(*c*) Ils jouent leur dame pour la porter ensuite à la case f 8, et mieux
soutenir le pion du fou de leur dame.

(*d*) Vous jouez ce cavalier, pour suivre votre attaque sur leur pion, dont
dépend toute la partie.

(*e*) Ils jouent ce pion pour gagner un coup, et pour empêcher le cavalier
de votre roi de se porter à la case b 3.

(*f*) Vos cavaliers ayant une libre entrée dans leur jeu, ils perdent nécessairement la partie, quelque autre pièce qu'ils puissent jouer.

(*g*) S'ils prennent avec leur roi le fou de votre dame, ils perdent leur

BLANC.	NOIR.
31. P f 4 — f 5	F e 6 — g 8
32. P e 5 — e 6 †	R d 7 — e 8
33. C d 4 — b 5	F e 7 — d 6
34. D g 1 — d 4 (*a*)	Perdu.

dame par un échec à la découverte; et s'ils retirent leur roi ailleurs, ils perdent le fou de leur dame.

(*a*) Votre dame prend ensuite le pion de la dame adverse, entre dans leur jeu, met toutes leurs pièces en prise et gagne la partie.

TROISIÈME PARTIE.

NOIR.	BLANC.
1. P e 7 — e 5	P c 2 — e 4
2. F f 8 — c 5	C g 1 — f 3
3. P d 7 — d 6	F f 1 — c 4
4. C g 8 — f 6	C b 1 — c 3
5. P c 7 — c 6	F c 4 — b 3
6. R roque g 8	R roque g 1
7. F c 8 — g 4	P d 2 — d 3
8. P b 7 — b 5	F c 1 — e 3
9. C b 8 — d 7	P h 2 — h 3
10. F g 4 — h 5	R g 1 — h 2
11. P a 7 — a 5	P a 2 — a 3
12. R g 8 — h 8	T f 1 — g 1 (*a*)
13. D d 8 — c 7	P g 2 — g 4
14. F h 5 — g 6	P h 3 — h 4
15. P h 7 — h 6 (*b*)	P h 4 — h 5
16. F g 6 — h 7	C f 3 — h 4
17. P d 6 — d 5	P g 4 — g 5

(*a*) Les blancs jouent leur tour à cette case, pour avoir le moyen de pousser sans danger leur pion g 2 — g 4, puis ouvrir une attaque sur le roi adverse, les noirs continuent à faire diversion en attaquant de l'autre côté.

(*b*) P h 7 — h 5 eût été préférable.

NOIR.	BLANC.
18. F c 5 — e 3 :	P f 2 — e 3 : (*a*)
19. P h 6 — g 5 :	T g 1 — g 5 :
20. P d 5 — e 4 :	P d 3 — e 4 :
21. C d 7 — c 5	C h 4 — g 6 † (*b*)
22. P f 7 — g 6 :	P h 5 — g 6 :
23. T a 8 — d 8	D d 1 — e 2
24. P b 5 — b 4	T g 5 — h 5
25. C c 5 — b 3 :	T h 5 — h 7 : †
26. R h 8 — g 8 (*c*)	D e 2 — c 4 †
27. T f 8 — f 7	P c 2 — b 3 :
28. C f 6 — h 7 :	P a 3 — b 4 :
29. P a 5 — b 4 : (*d*)	T a 1 — f 1
30. C h 7 — f 6	C c 3 — a 4
31. D c 7 — e 7	C a 4 — c 5
32. C f 6 — g 4 † (*e*)	R h 2 — g 3
33. C g 4 — f 6	T f 1 — f 5

(*a*) Les blancs sont obligés de reprendre avec le pion le fou adverse, car s'ils jouaient P g 5 — f 6 : les noirs en jouant F e 3 — f 4 +, et puis C d 7 — f 6 : auraient très-beau jeu.

(*b*) Le sacrifice de ce cavalier donne une attaque assez forte.

(*c*) Si les noirs prenaient la tour, les blancs gagneraient en jouant D e 2 — h 5.

(*d*) L'échec au roi que les noirs peuvent donner avec leur tour d 8 n'amènerait aucun résultat avantageux.

(*e*) Cet échec est sans utilité.

NOIR.	BLANC.
34. T d 8 — d 6 (*a*)	P g 6 — f 7 :
35. D e 7 — f 7 :	D c 4 — f 7 :
36. R g 8 — f 7 :	T f 5 — e 5 :
37. T d 6 — d 2	T e 5 — f 5
38. T d 2 — b 2 : (*b*)	P e 4 — e 5
39. R f 7 — g 6	P e 5 — f 6 :
Perdu.	

(*a*) Si les noirs jouaient en place de ce coup D e 7 — c 5 : les blancs gagneraient ainsi P g 6 — f 7 : + R g 8 — h 8 D c 4 — c 5 : C f 6 — e 4 : ╪ B g 3 — f 3 C e 4 — c 5 : P f 7 — f 8 faisant une D et donnant échec, les blancs se trouveraient avec l'échange d'une tour contre un cavalier, ce qui sur la fin d'une partie fait presque toujours gagner.

(*b*) Les noirs font ici une grande faute ; il faut y faire attention, car des coups analogues se présentent souvent ; sans cette faute la partie devait être remise.

QUATRIÈME PARTIE.

BLANC.	NOIR.
1. P e 2 — e 4	P e 7 — e 5
2. C g 1 — f 3	C b 8 — c 6
3. P d 2 — d 4	P e 5 — d 4 :
4. F f 1 — c 4	F f 8 — c 5
5. P c 2 — c 3 (a)	D d 8 — e 7
6. R roque g 1	P d 4 — c 3 :
7. C b 1 — c 3 :	P d 7 — d 6
8. C c 3 — d 5	D e 7 — d 7 (b)
9. P b 2 — b 4 (c)	C c 6 — b 4 :
10. C d 5 — b 4 :	F c 5 — b 4 :
11. C f 3 — g 5	C g 8 — h 6
12. F c 1 — b 2	R e 8 — f 8 (d)
13. D d 1 — b 3	D d 7 — e 7
14. C g 5 — f 7 :	C h 6 — f 7 :
15. D b 3 — b 4 :	C f 7 — e 5
16. P f 2 — f 4	C e 5 — c 4 :

(a) Les blancs auraient pu jouer aussi C f 3 — g 5.

(b) La dame à cette case gêne la sortie du fou de la dame.

(c) Les blancs sacrifient ce second pion pour donner plus de force à leur attaque.

(d) Ce coup est forcé, car si les blancs avaient roqué, les blancs en jouant D d 1 — d 4 auraient donné échec et mat en peu de coups.

BLANC.	NOIR.
17. D b 4 — c 4 :	D e 7 — f 7
18. D c 4 — c 3	F c 8 — e 6
19. P f 4 — f 5	F e 6 — c 4
20. T f 1 — f 4	P b 7 — b 5
21. P e 4 — e 5	P d 6 — e 5 :
22. D c 3 — e 5 :	P h 7 — h 6
23. T a 1 — e 1	T h 8 — h 7
24. P f 5 — f 6	P g 7 — g 5
25. T f 4 — f 5	P a 7 — a 5
26. D e 5 — c 5 † (a)	R f 8 — g 8
27. T f 5 — g 5 : † (b)	P h 6 — g 5 :
28. D c 5 — g 5 : †	R g 8 — f 8 (c)
29. F b 2 — d 4	F c 4 — e 6
30. D g 5 — c 5 †	R f 8 — g 8
31. D c 5 — g 5 †	R g 8 — f 8
32. F d 4 — c 5 †	R f 8 — e 8
33. D g 5 — d 5	T a 8 — a 6
34. D d 5 — b 7	D f 7 — h 5

(a) F b 2 — d 5 eût été meilleur.

(b) Les blancs sacrifient une tour très-légèrement, cependant, comme on le verra plus loin, ils peuvent avoir l'échec perpétuel ; ils ne veulent plus s'en contenter et ils perdent la partie. Les blancs pouvaient, au lieu de ce coup, jouer T e 1 — e 7, et ils auraient eu un très-beau jeu.

(c) Si les noirs avaient joué R g 8 — h 8 les blancs auraient gagné en jouant T e 1 — e 7.

BLANC.	NOIR.
35. P f 6 — f 7 † (a)	R e 8 — f 7 :
56. T e 1 — f 1 †	R f 7 — g 6
37. D b 7 — e 4 †	F e 6 — f 5
38. D e 4 — e 8 †	T h 7 — f 7
39. D e 8 — g 8 †	R g 6 — f 6
40. P g 2 — g 4	T a 6 — a 8 (b)
41. D g 8 — a 8 :	D h 5 — g 4 : †
42. R g 1 — h 1	T f 7 — d 7
43. F c 5 — a 3	R f 6 — f 7
44. D a 8 — c 6	T d 7 — d 1
45. D c 6 — b 5 :	D g 4 — e 4 †
46. R h 1 — g 1	R f 7 — g 6
47. D b 5 — b 2	D e 4 — g 4 †
48. D b 2 — g 2	D g 4 — g 2 : †
49. R g 1 — g 2 :	F f 5 — h 3 †
Perdu.	

(a) Les blancs pouvaient aussi prendre la tour et la partie eût été remise.

(b) Ce coup de ressource est fort joli et très-bien joué. Tout autre coup, et les noirs auraient perdu. Les blancs jouent au reste fort mal la fin de cette partie.

CINQUIÈME PARTIE.

BLANC.	NOIR.
1. P e 2 — e 4	P e 7 — e 5
2. C g 1 — f 3	C b 8 — c 6
3. P d 2 — d 4	C c 6 — d 4 :
4. C f 3 — d 4 :	P e 5 — d 4 :
5. D d 1 — d 4 :	C g 8 — e 7
6. F f 1 — c 4	C e 7 — c 6
7. D d 4 — d 5	D d 8 — f 6
8. C b 1 — c 3 (a)	F f 8 — b 4
9. F c 1 — d 2	P d 7 — d 6
10. F c 4 — b 5	F c 8 — d 7
11. D d 5 — c 4	F b 4 — c 5
12. R roque — g 1	R roque g 8
13. D c 4 — d 3	C c 6 — e 5
14. D d 3 — g 3	F d 7 — b 5 :
15. C c 3 — b 5 :	P c 7 — c 6
16. C b 5 — c 3	C e 5 — c 4
17. F d 2 — g 5	D f 6 — g 6
18. P b 2 — b 3	P f 7 — f 6
19. F g 5 — c 1	D g 6 — g 3 :
20. P h 2 — g 3 :	F c 5 — d 4

(a) Ce n'est pas un très-bon coup, car vous permettez ainsi aux noirs de sortir leur fou du roi avantageusement ; roquer eût été meilleur.

BLANC.	NOIR.	
21. P b 3 — c 4 :	F d 4 — c 3 :	40
22. T a 1 — b 1	P b 7 — b 6	41
23. T f 1 — d 1	T a 8 — e 8	42
24. T b 1 — b 3	F c 3 — a 5	43
25. P f 2 — f 3	P f 6 — f 5	44
26. P e 4 — f 5 :	T e 8 — e 2 (*a*)	45
27. P g 3 — g 4	T e 2 — c 2 :	46
28. F c 1 — f 4	T c 2 — c 4 :	47
29. F f 4 — d 6 :	T f 8 — e 8	48
30. T d 3 — a 3	P h 7 — h 6	49
31. F d 6 — c 7	T e 8 — e 2	50
32. T d 1 — d 8 †	R g 8 — h 7	51
33. T d 8 — c 8	T c 4 — c 1 †	52
34. R g 1 — h 2	T e 2 — e 1	53
35. R h 2 — h 3	T e 1 — h 1 †	54
36. F c 7 — h 2	F a 5 — c 3	55
37. P f 3 — f 4 (*b*)	F c 3 — d 2	56
38. P g 2 — g 3	F d 2 — a 5 (*c*)	57
39. T a 3 — e 3 (*d*)	T c 1 — c 2	58

(*a*) Les noirs n'auraient pas mieux joué en prenant le pion f 5 avec leur tour. Les blancs ont toujours le meilleur jeu.

(*b*) Si vous aviez joué T a 3 — a 7 : vous auriez perdu la partie.

(*c*) T c 1 — c 2 paraît au premier abord un bon coup, mais les blancs en jouant P g 4 — g 5 gagnent la partie, quel que soit le coup des noirs.

(*d*) C'est un très-bon coup, et la fin de cette partie est très-bien jouée par les blancs.

BLANC.	NOIR.
40. P g 4 — g 5	T h 1 — h 2 : †
41. B h 3 — g 4	P h 6 — h 5 †
42. B g 4 — f 3	T h 2 — f 2 †
43. B f 3 — e 4	P g 7 — g 6
44. T c 8 — c 7 †	R h 7 — g 8
45. B e 4 — e 5	T c 2 — c 5 † (a)
46. B e 5 — f 6	T c 5 — f 5 : †
47. B f 6 — g 6 :	T f 5 — f 8
48. T c 7 — g 7 †	R g 8 — h 8
49. B g 6 — h 6	F a 5 — b 4
50. T e 3 — e 6	T f 8 — f 5
51. T g 7 — h 7 †	R h 8 — g 8
52. T e 6 — g 6 †	R g 8 — f 8
53. T g 6 — c 6 :	T f 5 — c 5
54. T c 6 — f 6 †	R f 8 — e 8
55. P g 5 — g 6	T c 5 — c 3
56. P g 3 — g 4	F b 4 — f 8 †
57. T f 6 — f 8 : †	R e 8 — f 8 :
58. P g 6 — g 7 † (b)	R f 8 — f 7
59. T h 7 — h 8	T c 3 — c 6 †
60. B h 6 — h 7	Perdu.

(*a*) Si les noirs avaient donné l'échec du fou, les blancs auraient dú prendre le fou, puis jouer leur roi à la case f 6.

(*b*) Si vous aviez d'abord donné l'échec de la tour, puis avancé après le pion, la partie eût été remise.

SIXIÈME PARTIE.

	BLANC.	NOIR.
1.	P e 2 — e 4	P e 7 — e 5
2.	C g 1 — f 3	C b 8 — c 6
3.	P d 2 — d 4	P e 5 — d 4 :
4.	F f 1 — c 4	F f 8 — b 4 †
5.	P c 2 — c 3	P d 4 — c 3 :
6.	R roque g 1	P d 7 — d 6
7.	P a 2 — a 3	F b 4 — c 5
8.	P b 2 — b 4	F c 5 — b 6
9.	D d 1 — b 3	D d 8 — f 6
10.	C b 1 — c 3 :	F c 8 — e 6
11.	C c 3 — d 5	F e 6 — d 5 : (a)
12.	F c 4 — d 5 :	C g 8 — e 7
13.	F c 1 — g 5	D f 6 — g 6
14.	F g 5 — e 7 :	R e 8 — e 7 : (b)
15.	P a 3 — a 4	P a 7 — a 5
16.	P b 4 — b 5	T a 8 — b 8
17.	C f 3 — h 4 (c)	D g 6 — f 6
18.	C h 4 — f 5 †	R e 7 — f 8
19.	T a 1 — c 1	C c 6 — e 5
20.	R g 1 — h 1	P h 7 — h 5

(*a*) Les noirs ne peuvent pas prendre la tour sans perdre la dame.

(*b*) Pour ne pas perdre un pion.

(*c*) Les blancs ne peuvent pas gagner la pièce sans perdre la dame.

BLANC.	NOIR.
21. P g 2 — g 3	P g 7 — g 6
22. C f 5 — h 4	C e 5 — g 4
23. P h 2 — h 3	P g 6 — g 5
24. C h 4 — f 3	P c 7 — c 6
25. F d 5 — c 4	T h 8 — h 7
26. R h 1 — g 2 (a)	R f 8 — g 7
27. F c 4 — e 2	C g 4 — e 5
28. C f 3 — g 5 :	D f 6 — g 5 :
29. P f 2 — f 4	D g 5 — g 6
30. P f 4 — e 5 :	D g 6 — e 4 : †
31. F e 2 — f 3	D e 4 — e 3
32. D b 3 — b 1	R g 7 — h 8
33. T c 1 — e 1	D e 3 — g 5
34. P h 3 — h 4	D g 5 — g 7
35. F f 3 — e 4	T h 7 — h 6
36. T f 1 — f 5	P d 6 — e 5 :
37. T f 5 — g 5	D g 7 — f 8
38. D b 1 — c 1	F b 6 — d 8
39. T g 5 — e 5 :	F d 8 — f 6
40. T e 5 — f 5	T b 8 — e 8
41. P b 5 — c 6 :	P b 7 — c 6 :
42. T f 5 — a 5 :	R h 8 — g 7
43. T a 5 — c 5	T e 8 — e 6
44. D c 1 — c 4	D f 8 — e 7
45. T e 1 — e 3	D e 7 — a 7

(a) Les blancs en prenant la cavalier auraient très-mauvais jeu.

BLANC.	NOIR.
46. T e 3 — e 2	T e 6 — d 6
47. P a 4 — a 5	T d 6 — d 1
48. F e 4 — f 3	F f 6 — d 4
49. T c 5 — g 5 †	T h 6 — g 6
50. D c 4 — c 6 :	F d 4 — f 6
51. T g 5 — g 6 : †	P f 7 — g 6 :
52. D c 6 — b 6	D a 7 — f 7
53. T e 2 — c 2	T d 1 — d 7
54. F f 3 — c 6	D f 7 — e 6 (*a*)
55. R g 2 — h 2	T d 7 — d 4
56. D b 6 — a 7 †	R g 7 — h 6
57. F c 6 — f 3	D e 6 — e 3
58. D a 7 — b 7	T d 4 — d 2 †
59. T c 2 — d 2 :	D e 3 — d 2 : †
60. R h 2 — h 3	D d 2 — f 2 (*b*)

(*a*) Si les blancs prenaient la tour avec leur fou, les noirs devraient jouer
D e 6 — e 4 †.

(*b*) Dans cette position, la partie est décidément remise.

SEPTIÈME PARTIE.

BLANC.	NOIR.
1. P e 2 — e 4	P e 7 — e 5
2. P f 2 — f 4	P e 5 — f 4 :
3. C g 1 — f 3	P g 7 — g 5
4. F f 1 — c 4	P g 5 — g 4
5. C f 3 — e 5	D d 8 — h 4 †
6. R e 1 — g 3	P f 4 — f 3
7. P g 2 — g 3	D h 4 — h 3 †
8. R f 1 — f 2 (a)	D h 3 — g 2 †
9. R f 2 — e 3	F f 8 — h 6 †
10. R e 3 — d 3	P d 7 — d 5 (b)
11. F c 4 — d 5 :	C b 8 — a 6
12. P c 2 — c 3	P c 7 — c 6
13. F d 5 — f 7 : †	R e 8 — e 7
14. F f 7 — b 3	C a 6 — c 5 †
15. R d 3 — c 2	C c 5 — e 4 :
16. D d 1 — f 1	F c 8 — f 5
17. D f 1 — g 2 :	C e 4 — f 2 †
18. P d 2 — d 3	P f 3 — g 2 :
19. T h 1 — g 1	T a 8 — d 8
20. F c 1 — h 6 :	C g 8 — h 6 :

(a) Les blancs perdent la partie en faisant une faute dès le début, les noirs en profitent très-bien.

(b) Le sacrifice de ce pion est bien joué, il fait gagner des temps.

BLANC.	NOIR.
21. **T** g 1 — g 2 :	C f 2 — d 3 :
22. **C** e 5 — d 3 :	F f 5 — d 3 : †
23. **B** c 2 — c 1	T h 8 — f 8
24. **C** b 1 — d 2	C h 6 — f 5
25. **F** b 3 — d 1	C f 5 — e 3
26. **T** g 2 — g 1	F d 3 — f 1
27. **F** d 1 — g 4 :	T f 8 — f 2

Dans cette position les noirs doivent gagner la partie.

HUITIÈME PARTIE.

BLANC.	NOIR.
1. P e 2 — e 4	P e 7 — e 5
2. P f 2 — f 4	P e 5 — f 4 :
3. C g 1 — f 3	F f 8 — e 7
4. F f 1 — c 4	F e 7 — h 4 †
5. P g 2 — g 3	P f 4 — g 3 :
6. R roque — g 1	P g 3 — h 2 : †
7. R g 1 — h 1	F h 4 — f 6 (a)
8. P e 4 — e 5	P d 7 — d 5 (b)
9. P e 5 — f 6 :	C g 8 — f 6 :
10. F c 4 — b 3	F c 8 — e 6
11. P d 2 — d 3 (c)	P h 7 — h 6 (d)
12. F c 1 — f 4	P c 7 — c 5

(*a*) S'ils avaient joué F h 4 — e 7, vous auriez gagné la partie en peu de coups.

(*b*) S'ils ne sacrifiaient pas ce fou, vous gagneriez indubitablement; mais en le perdant et conservant trois pions pour cette pièce, ils doivent gagner par la force de leurs pions, pourvu qu'ils ne se pressent pas de les pousser avant que toutes leurs pièces ne soient sorties.

(*c*) En poussant d 2 — d 4, vous auriez donné à ses cavaliers une entrée libre dans votre jeu, ce qui leur aurait procuré le gain de la partie.

(*d*) Ce coup est important pour le gain de la partie, parce qu'il vous empêche de jouer F c 1 — g 5, en attaquant leur cavalier; ce qui vous procurerait le moyen de diviser leurs pions, en sacrifiant une tour pour un de leurs cavaliers, et vous donnerait l'avantage.

BLANC.	NOIR.
13. **F** f 4 — h 2 :	C b 8 — c 6
14. **C** b 1 — d 2	C f 6 — g 4 (*a*)
15. **D** d 1 — e 2 (*b*)	C g 4 — h 2 :
16. **D** e 2 — h 2 :	D d 8 — b 8 (*c*)
17. **D** h 2 — b 8 : (*d*)	T a 8 — b 8 :
18. **T** a 1 — e 1	R e 8 — d 7
19. **C** f 3 — e 5 †	C c 6 — e 5 :
20. **T** e 1 — e 5 :	R d 7 — d 6
21. **T** f 1 — e 1	P b 7 — b 5
22. **P** c 2 — c 3	T b 8 — e 8
23. **P** a 2 — a 4	P a 7 — a 6
24. **C** d 2 — f 3	P g 7 — g 5
25. **R** h 1 — g 2	P f 7 — f 6 (*e*)

(*a*) Ils jouent ce cavalier pour prendre le fou de votre dame, qui pourrait les incommoder, s'ils roquaient du côté de la leur.

Il est bon de donner ici pour règle générale, que lorsqu'on a des pions passés, il faut tâcher de se défaire des fous de l'adversaire, parce qu'ils peuvent s'opposer aux pions et les arrêter dans leur marche, mieux que toute autre pièce.

(*b*) Ne pouvant conserver votre fou, vous jouez votre dame pour le remplacer.

(*c*) Ils proposent dame pour dame, pour ôter la direction de la vôtre, et placer la leur à la troisième case, si vous refusez l'échange.

(*d*) Si vous ne preniez pas la dame, votre partie serait encore moins bonne.

(*e*) S'ils eussent poussé f 7 — f 5, vous auriez pris F b 3 — d 5 : ; ce qui rendrait votre partie meilleure.

BLANC.	NOIR.
26. T e 5 — e 2	P h 6 — h 5
27. P a 4 — b 5 :	P a 6 — b 5 :
28. T e 1 — a 1	T e 8 — a 8 (*a*)
29. T a 1 — e 1	F e 6 — d 7
30. P d 3 — d 4	P c 5 — c 4
31. F b 3 — c 2	P h 5 — h 4 (*b*)
32. T e 1 — h 1	T h 8 — h 5 (*c*)
33. P b 2 — b 3	T a 8 — h 8
34. P b 3 — b 4	P g 5 — g 4
35. C f 3 — d 2	T h 5 — g 5
36. T h 1 — f 1	P g 4 — g 3
37. T f 1 — f 6 : †	R d 6 — c 7
38. T f 6 — g 6	P h 4 — h 3 †
39. R g 2 — g 1	P g 3 — g 2
40. T g 6 — g 5 :	P h 3 — h 2 †
41. R g 1 — g 2	P h 2 — h 1 D †
42. R g 2 — f 2	T h 8 — f 8 †
43. R f 2 — e 3	D h 1 — h 3 †
44. C d 2 — f 3	D h 3 — f 3 : † (*d*)

(*a*) Il ne faut jamais céder les passages, ni laisser doubler les tours à son adversaire ; c'est pourquoi ils proposent pièce pour pièce.

(*b*) Ils jouent ce pion pour pousser ensuite P g 5 — g 4 sur votre cavalier, afin de le forcer à quitter son poste ; mais s'ils eussent poussé le pion du cavalier avant de jouer celui-ci, votre cavalier allant se poster à la case h 4, aurait arrêté la marche de leurs pions.

(*c*) Si, au lieu de ce coup, ils avaient poussé h 4 — h 3 +, ils auraient joué contre la règle générale, indiquée dans la première partie de ce chapitre.

(*d*) La dame prend ensuite la tour, et donne mat au second coup.

NEUVIÈME PARTIE.

BLANC.	NOIR.
1. P d 2 — d 4	P d 7 — d 5
2. P c 2 — c 4	P d 5 — c 4 :
3. P e 2 — e 4 (*a*)	P e 7 — e 5 (*b*)
4. P d 4 — d 5 (*c*)	P f 7 — f 5 (*d*)
5. C b 1 — c 3	C g 8 — f 6
6. P f 2 — f 3	F f 8 — c 5
7. C c 3 — a 4 (*e*)	F c 5 — g 1 : (*f*)
8. T h 1 — g 1 :	R roque — g 8 (*g*)

(*a*) Si vous ne poussiez ce pion qu'un pas, votre **adversaire** tiendrait le fou de votre dame renfermé pendant la moitié de la partie.

(*b*) Si, au lieu de jouer ce pion, ils avaient soutenu celui du gambit, ils auraient perdu la partie.

(*c*) Si vous aviez pris P d 4 — e 5 : ; vous perdiez l'avantage de l'attaque.

(*d*) S'ils avaient joué tout autre coup, il aurait fallu pousser P f 2 — f 4 ; ce qui aurait procuré une entière liberté à vos pièces.

(*e*) Au lieu de jouer ce cavalier pour vous défaire du fou de leur roi, selon la règle générale, prescrite dans la première partie, vous auriez pu prendre le pion du gambit ; mais vous auriez perdu la partie.

(*f*) Si, au lieu de prendre ce cavalier, ils eussent joué F c 5 — d 4, vous auriez pu l'attaquer en jouant C g 1 — e 2, et le prendre le coup suivant.

(*g*) S'ils avaient poussé P b 7 — b 5 pour soutenir le pion du gambit, ils

BLANC.	NOIR.
9. C a 4 — c 3	P f 5 — e 4 :
10. F f 1 — c 4 : (*a*)	P e 4 — f 3 :
11. P g 2 — f 3 : (*b*)	F c 8 — f 5
12. F c 1 — e 3	C b 8 — d 7
13. D d 1 — d 2	C d 7 — b 6
14. F e 3 — b 6 :	P a 7 — b 6 :
15. R roque — c 1	R g 8 — h 8
16. T g 1 — g 5	P g 7 — g 6
17. D d 2 — e 3	D d 8 — d 6
18. C c 3 — e 4	F f 5 — e 4 :
19. P f 3 — e 4 : (*c*)	T f 8 — e 8
20. R c 1 — b 1	D d 6 — c 5
21. D e 3 — c 5 :	P b 6 — c 5 :
22. T d 1 — e 1	R h 8 — g 7
23. R b 1 — c 2	P h 7 — h 6
24. T g 5 — g 3	C f 6 -- h 5
25. T g 3 — b 3	P b 7 — b 6

---

auraient perdu la partie ; et si , au lieu de l'un de ces deux coups, ils avaient préféré prendre P f 5 — e 4 :, vous auriez repris P f 3 — e 4 :; et ils n'auraient pas osé reprendre C f 6 — e 4 :, parce qu'en jouant ensuite D d 1 — h 5 +, vous auriez gagné la partie.

(*a*) Voici un coup assez singulier ; si vous eussiez repris P f 3 — e 4 :, vous auriez perdu la partie.

(*b*) En reprenant de ce pion, vous procurez à votre tour une ouverture sur leur roi.

(*c*) Pour se réunir à celui de la dame.

BLANC.	NOIR.
26. P d 5 — d 6 (*a*)	P c 7 — d 6 :
27. T b 3 — b 6 :	T a 8 — d 8
28. T e 1 — d 1	C h 5 — f 6
29. T d 6 — b 7 †	R g 7 — h 8
30. F c 4 — d 5 (*b*)	C f 6 — d 5 :
31. T d 1 — d 5 :	T e 8 — f 8
32. T d 5 — d 2	T f 8 — f 4
33. T d 2 — e 2	P d 6 — d 5
34. P e 4 — d 5 :	T d 8 — d 5 :
35. T b 7 — e 7	P g 6 — g 5 (*c*)
36. T e 7 — e 5 :	T d 5 — e 5 :
37. T e 2 — e 5 :	T f 4 — f 2 †
38. R c 2 — c 3	T f 2 — h 2 :
39. P a 2 — a 4 (*d*)	P g 5 — g 4
40. P a 4 — a 5	P g 4 — g 3
41. T e 5 — e 1	P g 3 — g 2
42. T e 1 — g 1	T h 2 — h 3 †
43. R c 3 — c 4	T h 3 — g 3
44. P a 5 — a 6	T g 3 — g 7
45. R c 4 — c 5 :	P h 6 — h 5

(*a*) Pour faire ouverture à votre tour et à votre fou.

(*b*) Pour empêcher les pions de l'adversaire d'avancer.

(*c*) S'ils soutenaient le pion, ils perdraient la partie.

(*d*) Si, au lieu de pousser ce pion, vous aviez pris T e 5 — e 5 :, vous auriez perdu la partie, parce que votre roi aurait empêché votre tour de venir fermer le passage au pion de leur cavalier.

BLANC.	NOIR.
46. **R** c 5 — b 6	P h 5 — h 4
47. **P** a 6 — a 7	T g 7 — a 7 : (*a*)
48. **T** g 1 — g 2 : (*b*)	T a 7 — h 7
49. **P** b 2 — b 4	P h 4 — h 3
50. **T** g 2 — h 2	R h 8 — g 7
51. **P** b 4 — b 5	R g 7 — g 6
52. **R** b 6 — c 6	R g 6 — g 5
53. **P** b 5 — b 6	R g 5 — g 4
54. **P** b 6 — b 7	T h 7 — b 7 : (*c*)

(*a*) S'ils ne prenaient pas votre pion, en prenant le leur, ils perdraient immédiatement.

(*b*) Si, au lieu de prendre leur pion, vous aviez pris leur tour, vous perdiez la partie.

(*c*) Vous prenez leur tour, et comme leur pion vous coûtera la vôtre, il est visible que la partie est remise.

FIN DU PREMIER LIVRE.

EXPLICATION

La planche ci-après représente l'échiquier placé devant celui qui joue avec les pièces blanches, de manière que l'un et l'autre joueur ait la case angulaire blanche à sa droite.

Chaque pièce y est désignée par sa lettre initiale. Les pièces blanches sont distinguées par des lettres à jour. Les pièces noires par des lettres entièrement noires.

L'échiquier est divisé en huit lignes parallèles perpendiculaires , désignées par les lettres *a b c d e f g h*; chaque ligne a 8 cases numérotées par les chiffres 1 2 3 4 5 6 7 8. Cette division sert à indiquer la situation des pièces sur l'échiquier, et à noter l'exécution de leur marche d'une case à une autre.

Le jeu de celui qui a les pièces blanches se désignera par les *blancs*, et le jeu de celui qui a des pièces noires, par les *noirs*. De même pour distinguer les deux jeux dans les notes et éviter des répétitions, on adressera la parole aux blancs à la seconde personne, *vous jouez votre roi* par exemple, et on parlera des noirs à la troisième personne : *il joue son roi*, ou *ils jouent leur roi*.

La situation primitive des pièces avant de commencer une partie, doit toujours être la même que celle

EXPLICATION

qui est figurée dans la planche que l'on a sous les yeux, où l'on voit que les pièces blanches sont placées sur les huit cases de la ligne horizontale numérotée 1; en sorte que la case *a* 1 est celle de la tour de la dame; la case *b* 1, celle du cavalier, etc. Les pions blancs occupent les 8 cases de la ligne horizontale numérotée 2. Les pièces noires sont placées à l'autre extrémité de l'échiquier sur les 8 cases de la ligne horizontale numérotée 8, et les pions noirs sur la ligne numérotée 7.

La seule différence qu'il y ait dans cette disposition des pièces de part et d'autre , c'est que les blancs doivent toujours avoir leur roi à leur droite, tandis que les noirs ont constamment le leur à leur gauche.

Dans la notation employée dans cet ouvrage , les chiffres qui sont en tête de chaque ligne marquent l'ordre des coups. La lettre initiale de la pièce que l'on doit jouer vient ensuite, de sorte que l'on voit d'abord quelle pièce l'on doit jouer ; comme tout coup que l'on joue consiste à mouvoir une pièce d'une case à une autre, pour noter l'exécution du jeu, on désigne d'abord la case d'où part la pièce que l'on fait agir , puis la case où il faut la placer.

Ainsi la première lettre et le premier chiffre de la notation désignent la case où se trouve la pièce qu'il faut jouer et la seconde lettre et le second chiffre séparés par un trait indiquent la case où cette même pièce doit être placée.

Par exemple, si vous jouez au deuxième coup le fou du roi à la quatrième case du fou de la dame, vous trouvez 2. F f 1 — c 4 — ainsi de suite.

Cette notation simple et précise est beaucoup plus laconique que le langage ordinaire; elle est encore très-commode pour marquer une situation de partie que l'on veut continuer ou un coup que l'on veut conserver.

La prise d'une pièce à l'adversaire est désignée à la fin du coup par deux points :.

L'échec que l'on fait sur le coup au roi adverse se marque toujours par une croix †.

Lorsqu'un pion arrive à dame on trouve la lettre initiale de la pièce que prend le joueur à qui appartient ce pion.

Le mouvement du roi quand il roque est exprimé par R roque et la désignation de la case où il doit se placer ; comme ce mouvement suppose toujours celui d'une tour, on transportera à côté de lui, suivant l'usage, celle des deux tours vers laquelle il roque.

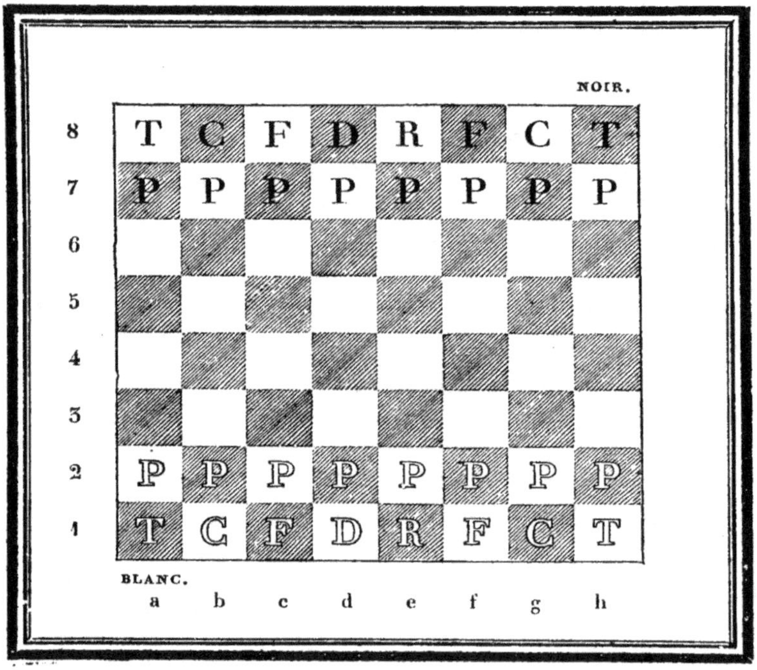

www.ingramcontent.com/pod-product-compliance
Lightning Source LLC
LaVergne TN
LVHW051104200726
843508LV00001B/429